산속
작은료칸이
매일
외국인으로
가득 차는
이유는?

.

YAMAOKU NO CHIISANA RYOKAN GA
RENJITSU GAIKOKUJINKYAKU DE MANSHITSU NI NARU RIYU
Copyright© Kenji Ninomiya 2017
Korean translation rights arranged with ASA Publishing Co., Ltd
through Japan UNI Agency, Inc., Tokyo
and Korea Copyright Center, Inc.,Seoul

산속
작은 료칸이

매일
외국인으로
가득 차는
이유는?

니노미야 겐지 지음 | **이자영** 옮김

21세기북스

료칸 야마시로야를 소개합니다

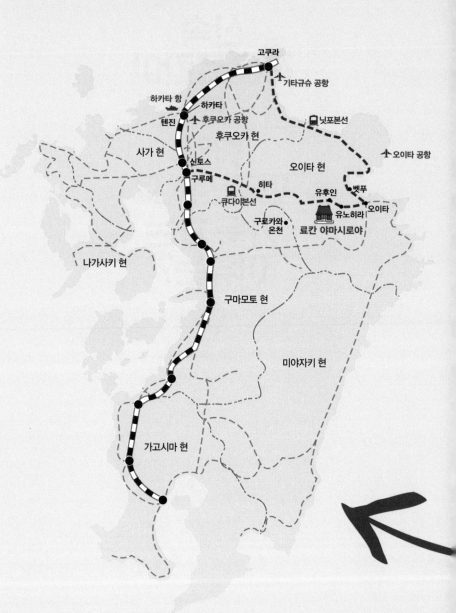

료칸 야마시로야

• 일본 오이타 현 유후 시 유후인정 유노히라
  309-1 〒879-5112
• http://www.e-yamashiroya.jp
  (한국어 예약 서비스 지원)

일본

도쿄
●

● 오사카

규슈

고객이 스스로 찾아오게 만드는 힘

"세상이 넓다지만, 그 나라 특유의 접객 격식과 음식 향응을 기본으로 하는 숙박 시설로 서양식 고급 호텔보다 비싼 요금을 설정할 수 있는 서비스 형식을 가진 나라는 일본 말고는 달리 없다."

'무인양품'의 디자인 철학과 체계를 정립한 하라 켄야原研哉의 설명에 료칸이 새롭게 보인다. 그의 말처럼 료칸은 독자적 문화에 뿌리내린 서비스 방식이 글로벌 경쟁력을 갖는 보기 드문 사례다. 전통식 여관이 연출하는 고즈넉한 분위기와 '오모테나시(대접)'의 정수를 보여주는 서비스 덕분에 료칸은 하나의 브랜드로 자리잡았고, 그 자체로도 여행의 목적지가 될 만큼 가치를 인정받고 있다.

일본식 숙박의 대명사가 된 료칸은 여행하는 사람들에게는 낭만이 기다리는 공간이다. 하지만 료칸을 경영하는 사람들에게는 난관이 머무르는 곳이다. 료칸의 태생적 특성 때문이다. 보통의 제품과 서비스가 고객을 찾아갈 수 있는 것과 달리 료칸은 고객이 '찾아와야' 한다. 눈앞에 보여줘도 고객의 지갑을 열기 어려운데, 고객에게 찾아오라고 해야 하니 난감할 수밖에 없다.

고객이 찾아오게 하려면 료칸 자체가 지속적인 경쟁력을 유지해야 한다. 그러나 한 번 지은 료칸은 시설을 업그레이드하기가 만만치 않다. 제품이나 소프트웨어가 버전을 높이며 품질을 개선해나가는 것과는 차원이 다르다. 또한 료칸이 위치한 지역이 여행지로서의 매력을 잃지 않아야한다. 료칸은 여행할 때 이용하는 숙박 시설이므로 지역의 인기에 영향을받기 마련이다. 지역의 관광 인프라가 충분하다고 해도 문제는 또 있다. 여행 시즌이 정해져 있어 성수기와 비수기가 생긴다. 제품이라면 성수기에 바짝 물건을 팔면 되지만 료칸은 물 들어올 때 노젓기가 힘든 구조다. 객실 수 이상의 매출을 올릴 수 없기 때문이다. 게다가 여행을 하기위한 안정성도 필요하다. 전쟁 위협이 확산되거나, 지진이 일어나거나, 전염병이 발생하는 등의 이슈가 발생하면 여행자의 발길이 끊긴다. 가족 중심으로 운영하는 소규모 료칸일수록 문제는 더 심각해진다.

'야마시로야山城屋'는 이 모든 문제를 가지고 있는 료칸이다. 50년 된 건물로 시설은 낙후되었고 객실은 7개뿐이다. 료칸이 위치한 곳은 유후인

정의 유노히라 온천 지역인데, 시대에 따른 고객의 변화에 적절히 대응하지 못하고 지난 40년 동안 쇠퇴를 거듭했다. 여행객 수요에 계절적 영향이 있는 것은 물론이고, 지진까지 발생했다. 료칸 비즈니스가 겪을 수 있는 난관을 예외 없이 겪은 셈이다. 상황이 이러할진대, 가족이 운영해온 료칸이라 포기하기도 어려운 운명이다.

총체적 난국을 해결할 방법이 있을까? 경영의 신이 온다 해도 뾰족한 수가 없어 보이는 곳에 야마시로야의 사위인 '니노미야 겐지'가 구원투수로 등장했다. 그는 사라져도 모를 만큼 존재감 없던 료칸을 전국 3위의 료칸으로 바꿔놓았다. 세계 최대의 여행 사이트 '트립어드바이저 TripAdvisor'에서 진행한 '일본 료칸 부문 2017'의 숙박 시설 만족도 순위이기에 신뢰도도 높다. 대대적인 시설 투자를 한 것도 아니고, 서비스를 강화하기 위해 사람을 충원한 것도 아니며, 마케팅 예산을 대규모로 집행한 것도 아닌데 빈방이 없을 정도로 인기다. 무엇이 달라진 걸까?

혁신적인 결과를 만들어내기 위해 그가 요란한 일을 한 건 아니다. 그럴 여력이 없었다. 오히려 눈에 보이지 않는 중요한 것에 집중했다. 상황에 대한 관점을 바꾸고, 업에 대한 본질을 고민하며, 고객에 대한 정성을 다했다.

 상황에 대한 관점을 바꾸면 40년간 유행을 쫓아가지 못해 멈춰진 지역의 모습은 옛스러운 운치가 있는 풍경이고, 소규모 료칸의 아날로그적인 운영 방식은 글로벌 스탠더드에 익숙한 여행객들에게 새로운 경험이다. 흐름의 관점에서 시간을 보면 뒤처진 것이지만, 단면의 관점으로 놓고 보면 아날로그 반격 시대의 최전선에 있는 셈이다. 변화를 체감한 일본인들은 구식이라고 생각할 수 있어도 일본 문화를 처음 접하는 외국인들이라면 고유의 멋으로 받아들일 수 있다. 그래서 그는 가족 중심의 료칸이 주로 일본인들을 대상으로 운영하던 것에서 벗어나, 외국인을 주요 타깃으로 정했다.

 타깃을 외국인으로 정한다고 해서 외국인 여행객이 료칸에 스스로 찾아오는 것은 아니다. 그래서 그는 외국인 관점에서 여행을 바라보고, 외국인 여행객을 대상으로 한 료칸업의 본질에 대해 고민했다. 자신의 해외여행 경험을 토대로 료칸업의 핵심을 '안도감'을 제공하는 것으로 정의하고, 업의 본질을 구현하기 위한 운영 방식과 마케팅 등을 설계하며 외국인의 눈높이에 맞췄다.

 외국인 고객이 찾아오자 료칸 사업의 구조적인 문제들이 하나둘씩 풀리기 시작했다. 외국인 여행객들은 보통 6개월 전에 미리 예약해 예측이 가능해졌고, 2박 이상 묶어 객실 가동률이 높아졌으며, 나라마다 연휴나 여행 패턴이 달라 성수기와 비수기 구분이 희미해졌다. 여기에 방문한 여행객들에게 정성까지 더하니 재방문하는 여행객과 소개받아 오는 여행객들이 생겼다. 형식적인 매뉴얼에 따라 고객을 접대하는 것이 아니라, 안도감을 제공하기 위해 '마음의 벽'을 허물고 고객을 환대한 결과다.

야마시로야의 성공은 단순하고 당연한 것 같지만 보이지 않는 것들에 대한 나름의 답을 찾고, 보이지 않는 것을 보이게 만든 데에 혁신적인 차이가 있다. 『산속 작은 료칸이 매일 외국인으로 가득 차는 이유는?』은 그 혁신적인 차이를 만들기 위한 야마시로야의 여정에 대한 이야기다. 고객의 행동 패턴·내외부의 데이터·그리고 주변 사람들이 무심코 던진 말에서 보이지 않는 문제에 대한 답을 찾고 보이지 않는 것을 보이게 만들었다는 점에서, 작지만 큰 차이를 만들어내고 싶은 사람들이 비즈니스 아이디어와 인사이트를 얻을 수 있는 책이다. 무엇보다 료칸을 살리겠다는 절실함이 모든 페이지에 담겨 있어, 책이라는 형식이 갖는 '언어의 벽'까지도 허무는 힘이 있다.

누구나 할 수 있는 이야기를, 누구도 할 수 없는 이야기로 만든 저자의 경험담이 지금부터 펼쳐진다. 료칸 야마시로야로 떠나고 싶은 마음이 드는 건 덤이다.

트래블코드 대표
이동진

시골 작은 료칸의 위대한 변화

'지방의 작은 료칸'이 전국 3위가 되기까지

소위 '료칸'이라 불리는 시설은 일본 내에 약 4만 개가 있다(그 외의 숙박 시설로는 호텔이 약 1만 개, 간이숙박소가 약 2만 6,000개다). 같은 료칸이라 해도 1박에 5만 엔부터 10만 엔에 달하는 고급 료칸도 있고, 식사 미포함에 잠만 자는 몇 천 엔짜리 료칸도 있다. 전체적으로 봤을 때 1박 2식 포함에 1만 엔에서 2만 엔 정도의 가격대인 곳이 가장 많다. 객실은 30개 이하이고 대부분 가족이 중심이 되어 경영하는 료칸이다.

나는 이런 료칸을 '가족 경영의 소규모 료칸'이라 표현하고 있다. 일본의 숙박업을 책임지고 있는 대다수가 이런 료칸이고, 우리 가족이 운영하고 있는 '야마시로야'는 바로 이 가족 경영의 소규모 료칸에 해당한다. 야마시로야는 지은 지 50년이 된 건물이다. 일반 주택보다는 조금 큰 건물이지만 역사적인 가치가 있는 것도 아니고, 지방에 있을 법한 '그냥 작고 오래된 료칸'이다.

그런데 시골티가 나는 온천지에 있는 작고 오래된 료칸에 현재 세계 각국에서 연일 손님이 몰려들고 있고, 객실 가동률은 거의 100퍼센트인 상태가 이어지고 있다. 세계 최대 규모의 여행 사이트 '트립어드바이저'에서 진행한 2017년도 숙박 시설 만족도 순위 '일본 료칸 부문'에서 전국 3위(1위와 2위는 모두 교토의 유명 료칸이다), '외국인에게 인기 있는 일본 료칸 2016'에서 전국 10위에 올랐다(규슈에서는 1위였다). 아마 야마시로야를 알고 있는 지역의 사람들은 한마디로 '왜?'라는 반응을 보일 것이다.

완전히 쇠퇴해버린 '서군 요코즈나'

야마시로야는 오이타 현 유후 시 유후인 정의 유노히라 온천에 있다. 유노히라 온천은 20세기 초중반까지 요양 온천의 '서군 요코즈나(요코즈나는 스모의 최고 지위를 말한다. 일본에서는 어떤 분야의 순위를 매길 때 1등을 서군 요코즈나, 동군 요코즈나라는 식으로 이름 붙이기도 한다 — 옮긴이)'로 불렸고, 규슈에서는 벳푸에 버금가는 온천지로 번영했다.

하지만 1980년대 이후 근처에 있는 '유후인 온천'의 눈부신 출발에 역행이라도 하듯 40년 동안 손님의 발길이 완전히 끊겨 쇠퇴해버렸다. 전성기에는 이 작은 온천지에 60개 가까이 되는 료칸이 있었다. 하지만 지금은 3분의 1까지 줄어 21개의 료칸만이 남아 있다. 쇠퇴한 원인을 찾자면 몇 가지 있겠지만, 시대의 변천과 함께 변화하는 고객층의 요구에 대응하지 못한 것이 가장 큰 원인일 것이다. 시대가 변하는데도 유후인 온천처럼 젊은 여성 고객을 위한 세련된 카페나 미술관을 지은 것도 아니고, 커다란 노천탕이나 고급스러움이 넘치는 시설로 바꾸는 설비 투자를 하지도 않았다. 오로지 선대로부터 물려받은 료칸이나 상점을 지키고 그럭저럭 계속 운영해온 온천지다.

하지만 40년간 아무것도 변하지 않았다는 것이 내게는 오히려 귀한 재산이라는 생각이 들었다. 유노히라 온천의 상징인 '돌 언덕길'은 300여 년 전에 석공 쿠도 산스케工藤三助가 건설했다. 료칸이 늘어서 있는 돌길 옆으로는 가고노 강이 흐르고, 옛 시절 탕치장(병을 고치기 위해 온천 목욕을 하던 곳 — 옮긴이)의 운치가 아직도 남아 있다. 이런 운치가 바로 일본 온천지 본연의 풍경이다. 그렇기 때문에 이 거리는 시대의 유행에 아첨하지 않고 현재에 이르렀다고 할 수 있다.

한 바퀴 뒤처진 선두주자

육상 트랙 경기에 '한 바퀴 뒤처진 선두주자'라는 말이 있다. '뒤처져서 달리다 보니 어느새 바로 뒤에 선두 그룹이 쫓아오고 있어 마치 선두주자인 것처럼 보인다.'는 의미다. 또는 '지금은 뒤처져 있지만 단숨에 선두로 뛰어오를 가능성을 가지고 있다.'라는 해석도 있다. 유노히라 온천이나 야마시로야는 절대 선두주자는 아니다. 하지만 나는 시대가 한 바퀴 돌아 '외국인 관광객의 일본여행'이라는 새로운 조류를 맞이한 지금 '다시 한 번 1등으로 뛰어오를 가능성이 있지 않을까?' 하는 기대를 마음속에 품고 있다.

야마시로야와 같은 '가족 경영 소규모 료칸'이나 유노히라 온천과 같은 '시대에 뒤처진 온천지'는 전국에 수도 없이 많을 것이다. 나는 최근 11년간 외국인 관광객을 적극적으로 받아들이면서, 이전까지 소규모 료칸의 마이너스였던 부분을 플러스도 전환하는 데 성공했다. 설비 투자를 크게 한 것도 아니고, 새로운 인재를 투입한 것도 아니다. 가족 경영 료칸이 가지고 있는 매력을 외국인에게 적극적으로 알리고, 좀 더 나은 대접을 할 수 있도록 노력하고, 좋은 환경을 만들기 위해 노력했을 뿐이다. 이렇게 함으로써 '안도감'이야말로 최고의 '대접'이라는 야마시로야의 기본 이념에 다다르게 되었다.

혹시나 하는 마음에 덧붙이자면 내 방식을 모든 료칸에 추천하고 권하는 것은 아니다. 대규모 료칸에는 대규모 료칸의 방식이, 소규모 료칸에는 소규모 료칸의 방식이 있다고 생각한다. 그동안의 내 방식이 경영난이나 후계자 부족으로 힘들어하는 전국에 있는 소규모 료칸이나 지역 재생에 기대를 걸고 있는 온천지 사람들에게 다소나마 참고가 되길 바라는 마음으로 펜을 들었다.

한 바퀴 뒤처져 있긴 하지만 할 수 있는 한 이 시대의 '선두주자'를 목표로 계속 나아가고 싶다.

유노히라 온천 '야마시로야' 대표
니노미야 겐지

CONTENTS

RYOKAN STORY

CHAPTER 1

고객 만족도 전국 3위인
'작고 오래된 료칸'

'고향'의 부활을 꿈꾸며

**쇠퇴해가는 고향을
생각하는 마음**

유후인 정이라고 하면 유명한 '유후인 온천'을 떠올리는 사람이 많을 것이다. 하지만 전국적으로 유명한 유후인 온천과 유후인 정은 한자 표기가 다르다. 다시 말해 유후인湯布院 정 중심부에 있는 온천이 '유후인 온천由布院溫泉'이다. 유노히라 온천은 같은 유후인 정에 있지만 유후인 정 중심부에서 15킬로미터 정도 떨어진 산속에 있는 작은 온천지다. 유후인 정은 1955년에 유후인由布院 정과 유노히라湯平 촌을 합쳐서 만든 행정구역인데, 유노히라의 유湯를 따와서 유후인湯布院 정이 되었다.

오랜 역사를 지닌 유노히라 온천은 예로부터 요양 온천지의 '서군 요코즈나'라고 불리며 규슈에서는 벳푸에 버금가는 온천지로 아주 번영했다.

그러나 최근 40년간 손님의 발길이 끊기면서 많이 쇠퇴했다. 야마시로야가 이 유노히라 온천에서 창업한 지는 50년이 되었다. 료칸은 나의 처가이고, 나는 3년 전까지 지역의 금융기관에서 근무했다. 전근을 많이 하는 직종이라 오이타 현 내를 돌면서 일을 했다. 그러다 지금으로부터 약 15년 전 가업을 돕기 위해 가족과 함께 이 료칸에 머물며 살기로 했다.

원래 가족이 경영하는 료칸이라 그 전에도 토요일과 일요일이면 손님맞이를 돕고, 인터넷으로 고객 모집하는 일도 했다. 그러나 료칸으로 들어와 살게 되면서 아내와 아이들에게 너무나도 소중한 '고향'인 유노히라온천이 시대의 흐름과 함께 쇠퇴해가는 모습이 더욱 안타깝게 다가왔다. 아이들의 성장과 함께 이 지역을 어떻게든 부활시키고 싶다는 마음이 날이 갈수록 강해졌다.

● **시인 산토카가 감격한 대접하는 마음**   원래 '료칸 야마시로야'는 장인어른인 고토 다케후미後藤武文가 직장생활을 그만두고 개업한 료칸인데, 이 일을 하게 된 계기는 아내의 할머니인 고토 시모後藤シモ의 염원이 있었기 때문이라고 한다. 할머니의 친정은 유노히라 온천 입구 근처에 있는 '오이타야'라는 료칸인데, 지금은 방랑 하이쿠 시인 다네다 산토카種田山頭火가 머물렀던 곳으로 잘 알려져 있다. 다네다 산토카는 유노히라 온천에서 다음과 같은 시를 남겼다.

늦가을 비, 모르는 이의 온정에 흐르는 이 눈물

しぐるるや 人の情けに 涙ぐむ

1930년 11월 11일에 오이타야에서 지은 시인데 다음과 같은 일화가 있다. 그날 산토카는 강가에서 빨래를 하고, 널어놓은 법의가 지나가는 비에 젖고 있는지도 모르고 방에서 독서에 몰두하고 있었다. 그때 비가 오는 것을 알아차린 여종업원이 몰래 걷어주었는데, 뒤늦게 그 사실을 안 산토카가 몹시 감격해 일기에 기록했다.

'오늘 밤은 술을 마시지 않았다. 주머니 사정이 어렵기도 하지만, 마시지 않아도 잘 수 있을 만큼 기분이 좋았다. 그래도 잘 잤다. 또 하는 이야기지만 여기는 물도 좋고 숙소도 좋았다. 좋은 낮이고 좋은 밤이었다(그래도 꿈꾸는 것은 잊지 않았다).'

『행걸기行乞記』중에서

오이타야는 이제 없지만 손님을 '대접하는 마음'은 할머니를 통해서 우리에게까지 전해져 내려오고 있다. '손님을 가장 먼저 생각할 것'이나 '요리에 보다 정성을 들일 것' 등 할머니의 말씀을 그때그때 큰오카미(일본에서는 료칸의 최고 책임자인 여성을 오카미라고 부른다. 오카미가 두 명인 경우 大를 붙여 큰오카미라고 부른다 — 옮긴이)인 장모님을 통해서 여러 번 들었다. 그리고 야마시로야는 이런 생각을 바탕으로 개업한 이래 순조롭게 영업을 이어가고 있었다.

하지만 시대가 변하고 고객층이 달라지면서 대략 15년 전부터 경영에 점점 그림자가 드러워지기 시작했다. 손님의 대부분을 차지했던 '노인회' 등의 단체 손님은 줄었고, 조금 비싸더라도 일상에서 누리지 못하는 고급스러운 분위기를 느긋하게 즐기기 원하는 '작은 사치'가 트렌드로 나타났다. 그렇게 되면 야마시로야처럼 고급스러움이나 세련됨과는 거리가 먼 숙박 시설은 처음부터 손님의 선택지 범위에서 제외된다.

결국 우리는 한동안 얼마 되지 않는 단골손님에게 의지해야 했고, 그러는 동안 가격이 비교적 싸다는 이유에서인지 인터넷으로 예약하는 젊은 커플도 늘었다. 하지만 소비의 주체가 되는 이러한 손님들은 늘 휴일 전날에 몰리기 때문에 평일의 가동률은 아무리 노력해도 제자리걸음이었다. 주변의 료칸도 거의 비슷한 상황이었을 것이다.

나는 이런 상황을 어떻게든 바꾸고 싶어 국내 시장에서 해외 시장으로 눈을 돌리기로 했다.

●
'일본다운 풍경'은 바로 거기에 있었다 지금으로부터 11년 전, 평소 알고 지내던 잡지 편집자에게 솔깃한 정보를 입수했다. 그는 한국의 여행자들에게 일본의 호텔이나 료칸을 소개하는 웹사이트를 만들고 있었는데 한국의 잡지사 두 곳이 비슷한 시기에 '규슈의 온천지'라는 테마로 오이타 현을 취재하러 오게 되었고, 그 취재에 현지 담당자로 참여한다는 소식이었다. 이미 후보지로 유후인과 벳푸가 확정되었고, 나머지 한 곳을 찾고 있는 중이라고 했다.

나는 그의 이야기를 듣자마자 망설임 없이 꼭 유노히라 온천에 와달라며 후보지에 이름을 올렸다. 그러면서도 내심 규모가 다른 온천지에 비해 작아서 무모하다는 생각도 들었다. 그러나 놀랍게도 잡지사 두 곳의 취재팀이 유노히라 온천을 방문해주었고, 야마시로야에 묵으면서 많은 사진을 찍어갔다.

그로부터 한 달 후, 나는 완성된 잡지를 받아 페이지를 넘기다가 깜짝 놀랐다. 온천지마다 균등하게 페이지가 나뉘어 있었는데, 두 잡지사 모두

▎ 한국 여행 잡지 두 곳에서 소개한 '유노히라의 돌길'

메인이 되는 첫 페이지에 '유노히라의 돌길' 사진이 실려 있는 것이었다. 취재 때 기자가 "여기의 풍경이 가장 일본답다."라고 한 말이 떠올랐다. 그 후 나는 유노히라 온천의 풍경은 외국인에게 통한다는 확신을 가지게 되었다. 또 머지않아 이런 높은 평가가 국내에서의 인지도 향상에도 도움을 주지 않을까, 생각하게 되었다.

이 일을 계기로 한국 여행객이 하나둘 유노히라를 방문하게 되었다. 아직 유후인에서도 외국인의 모습이 잘 보이지 않던 무렵의 이야기다.

스포츠로 지역을 해외에 알리다

내가 유노히라에 정착한 후 지역 활성화를 위해 추진했던 것 가운데 스포츠 이벤트 '쓰루도 유노히라'가 있다. 유노히라 온천과 근처에 있는 구주코겐을 왕복하는 자전거 대회다. 오르막과 내리막이 많아 자전거 초보자에게는 상당히 힘든 대회이지만, 대회가 끝난 후에 유노히라에 있는 공동 온천 다섯 곳을 무료로 이용할 수 있는 특전이 있다. 나는 이 대회를 기획했고, 10년간 실행위원장을 맡았다. 젊었을 때부터 윈드서핑이나 스키, 스노보드, 산악자전거 등의 스포츠를 취미로 즐겼다. 그래서 유노히라 온천과 구주코겐까지의 지형을 활용해 뭔가를 할 수 없을까 생각하다가 나온 답이 자전거 대회였다.

그리고 2007년 1회 대회가 성공리에 끝난 직후 자전거 잡지를 보던 중 어느 한 기사가 눈에 들어왔다. 한국 최대 자전거 대회라고 하는 '대관령 힐클라임'을 소개하는 기사였다. 스포츠는 세계 공통으로 자전거도 세계 각국에서 유행하고 있었다. 나는 이 대회에 쓰루도 유노히라의 관계자를 데리고 가서 교류를 하면 좋겠다는 생각이 강하게 들었다. 바로 한국에 연락을 하기로 했다.

인터넷으로 검색해보니 당시 개최지인 강원도의 일본 사무소(강원도와 후쿠오카 현이 '관광 교류 협정'을 맺어 후쿠오카에 '강원 관광 사무소'가 있었다 — 옮긴이)가 근처 후쿠오카 현에 있었다. 일본인 사무원이 한국 실행위원회에 연락을 해주었고 일주일도 안 되어 한국에서 전화가 왔다. "저희도 일본 대회와 교류하고 싶습니다. 꼭 와주세요." 이듬해 우리는 실행위원 네 명과 선수 네 명, 총 여덟 명의 '팀 쓰루도 유노히라'를 결성해 대관령 힐클라임에 처음으로 참가하게 되었다.

당시는 독도 문제로 한일 관계가 안 좋은 분위기였기 때문에 어쩌면 환영받지 못할 수도 있다는 불안감이 있었다. 하지만 실제로 방문해보니 그런 불안이 완전히 사라질 정도로 크게 환영해주었다. 그 후 한국 선수단과 실행위원이 쓰루도 유노히라에 참가하기 위해 방문했고, 2009년에는 양쪽의 실행위원이 '국제 스포츠 교류 협정'을 맺고 매년 서로가 방문하는 것이 정례화되기에 이르렀다. 게다가 2010년에는 유후 시의 시장이 지역의 가구라(일본 신사에서 신에게 제사를 지낼 때 연주하는 음악 — 옮긴이) 연주자들과 함께 한국 대회 개최지인 강릉시의 문화행사 '단오제'에 참가했다. '스포츠 교류'가 '문화 교류'로까지 발전하게 된 것이었다.

한국과의 국제 교류에 성공한 후, 다음으로는 어느 나라와 교류하는 것이

타이완에서도
관광 홍보에 성공하다

좋을까 고심하던 중 매년 쓰루도 유노히라에 게스트로 참가하던 프로 사이클 선수 히구마 유스케日隈優輔가 생각났다. 그는 타이완 프로 팀 소속 선수였던 적이 있었기 때문이다. 나는 그의 소개로 이번에는 타이완으로 가기로 했다.

우리가 참가한 타이완의 자전거 대회 '타이루거 국제 힐클라임'은 해발 3,275미터까지를 한 번에 올라가는, 세계적으로 가혹한 대회로 아주 유명하다. 이곳 대회에서도 우리를 크게 환영해주었다. 유노히라 온천의 핫

| 타이완 인터넷 신문에 게시된 유노히라온천 관광 홍보 활동

일본 오이타 현에 있는 유노히라 온천은 관광 홍보를 위해 타이루거 자전거 대회에 참가해 현수막을 걸고 홍보 활동을 하고 있다. 유노히라온천은 오이타 현 유후 시의 산속에 있는 작은 온천지로 효험이 있는 온천으로 알려져 있는데 관광객이 비교적 적고 소박하고 조용한 풍경으로 관광 전문가들이 추천하는 명소다.

유노히라 온천의 관광업자는 관광 촉진을 위해 현지에서 자전거 대회를 개최해 알리고 있다. 이들은 해외로도 홍보 활동을 하러 나가는데, 이번에는 한국에 이어 두 번째로 타이완에 왔다. 4~5명으로 구성된 홍보 팀이 통역과 함께 왔고, 시합을 할 때는 깃발을 달고 홍보를 했다. 타이루거 대회의 실행위원회와도 교류를 해 유노히라 온천에서 개최하는 대회에 참가해주기를 바란다고 했다. 자전거 대회는 유노히라 온천의 관광 홍보 중 하나이고, 그 외에도 돌 언덕길의 고저차를 이용한 '흐르는 국수 건져 먹기 대회(언덕길에 대나무 통을 설치하고 국수를 위에서 흘려내려 보내 건져 먹는 대회 — 옮긴이)' 등 1,000여 명 규모의 이벤트를 매년 개최하고 있다. 이 이벤트는 19년의 역사가 있다. 이들은 앞으로도 해외에서 홍보 활동을 계속하기 위해 세계 자전거 대회와의 교류를 추진하고 있다.

피(본래 일본 무가의 머슴들이 입던, 허리에서 무릎 사이까지 오는 통소매의 전통 의상 — 옮긴이)를 입고 홍보했더니 다음 날 타이완의 인터넷 신문에서 대대적으로 우리를 소개했다. 일본어로 번역해보니 우리의 방문 목적뿐만 아니라 유노히라 온천에 대해서도 다루고 있었다. 단기간에 이렇게까지 조사를 잘하다니 놀랄 정도였다(기사의 내용은 29쪽 참조).

자전거로 관광 홍보까지 할 수 있었던 것은 크나큰 수확이었다. 이렇게 착실하게 민간 수준의 국제 교류를 계속해온 것도 유후 시 외국인 관광객 증가의 포석이 되었다고 생각한다.

● **홍콩 잡지에 이름이 나다**　　2015년 1월 나는 오이타 현 관광 관계자와 함께 타이완에 갔다. 인사차 현지의 여행사 몇 곳을 방문했는데 예상대로 야마시로야와 같은 객실 7개의 소규모 료칸에는 거의 반응을 보이지 않았다. 역시 여행사는 어느 정도 손님을 모아서 보낼 수 있는, 대규모 시설을 좋아한다는 생각이 들었다.

그 후에도 별다른 수확 없이 조금은 낙담하며 귀국길에 올랐는데, 후쿠오카 공항으로 돌아가는 비행기 안에서 우연히 어떤 사람과 만났다. 동행했던 기쓰키 시 관광협회의 미우라 다카노리三浦孝典 사무국장이 나에게 "니노미야 씨, 공항에 도착하면 소개해줄게요. 인사 한번 해놓는 게 좋아요."라고 말했다. 후쿠오카 공항 도착 로비에서 다시 만나 명함을 주고받았다. 일본정부관광국 홍콩사무소의 시미즈 야스마사清水泰正 차장이었다. 그때는 "앞으로 잘 부탁드립니다."라고 간단한 인사만 했다. 그리고 며칠 후 문득 생각이 나서 명함에 있는 주소로 메일을 보냈다. 앞으로 언제 어떻게 도움을 받을지 모른다는 생각이 들었기 때문이다. 시미즈 씨에게서 다음과 같은 답장을 받았다.

출장에서 돌아오던 지난주 금요일 공항에서 정말 감사했습니다. 홍콩에서 일본을 방문하는 사람 다섯 명 가운데 한 명은 열 번 이상 방문한 사람이라고 할 정도로 이미 성숙한 시장입니다. 그렇기 때문에 유명 관광지에서 조금 벗어난 곳이나 자기만이 알고 있는 명소를 자랑하고 싶어 하는 사람이 많습니다. 지난주 홍콩 잡지사 기자가 온천 특집으로 유후인과 구로카와를 취재하고 싶다고 연락을 해서 투어리즘 오이타(구 오이타 현 관광협회)에 연락해서 직접 이야기를 나누었습니다. 이번 주말에 출발할 예정이라 이번에는 어려울 것 같지만 다음에 문의가 있을 때는 온천지의 본연의 모습을 볼 수 있는 유후인 근교의 온천지로 유노히라 온천을 추천하도록 하겠습니다.

나는 귀한 정보를 얻었다고 생각하고, 안 될지도 모르지만 일단은 해보자는 각오로 바로 투어리즘 오이타에 전화를 걸었다.

"벌써 취재지가 다 정해져 있겠지만 혹시 괜찮으시다면 유노히라 온천도 부탁드립니다."

같은 내용을 메일로도 보냈는데, 때마침 일주일 전 타이완에 갈 때 가지고 갔던 중국어·번체자(타이완도 홍콩도 사용 문자는 번체자다) 홍보 자료가 있어 그걸 그대로 소개 자료로 쓸 수 있었다. 그렇게 해서 투어리즘 오이타에서 그 메일을 홍콩 잡지사에 전달해주었고, 다음 날 바로 잡지사에서 답장이 왔다.

"꼭 방문하고 싶습니다."

● 홍콩에서 호평받은 것은 '료칸의 부엌'

얼마 지나지 않아 홍콩의 유력 주간지인 「유 매거진U Magazine」 취재 팀이 유노히라 온천과 야마시로야에 왔다. 취재기자와 사진기자, 그리고 8등신 아니 9등신의 모델이 함께 왔다. 이들은 이미 구로카와 온천과 유후인온천에서 료칸 몇 군데의 취재를 마치고 왔다고 했다. 취재기자인 찰스 씨는 내가 하는 이야기를 진지하게 듣고 열심히 메모했다. 그래서 어떤 기사가 나올지 기대를 많이 하고 있었는데 사실은 아주 놀랄 만한 전개가 기다리고 있었다.

취재를 하고 한 달이 지났을 무렵 일본정부관광국 홍콩사무소의 시미즈 씨가 발행된 잡지를 스캔해서 메일로 보내주었다. 30쪽에 걸쳐 규슈 각지의 온천지가 특집 기사로 실려 있었다. 다른 온천지나 료칸의 페이지를 살펴보니 역시 프로 사진기자에 프로 모델이었다. 일본인 나도 넋을 놓고 바라볼 정도의 '일본 정서가 흘러넘치는' 멋진 사진이 가득했다. 구로카와 온천의 자연에 둘러싸인 커다란 노천탕이나 유후인 온천의 중후함이 느껴지는 오래된 민가풍의 건물, 전체적으로는 어슴푸레하고 신비

한 분위기마저 감돌았다. 말 그대로 '일본의 온천'이라는 느낌이 들었다.

그 특집 기사의 중간쯤 되는 페이지에 유노히라 온천과 야마시로야를 소개하는 글이 있었는데 다른 페이지와는 확연히 달랐다. 야마시로야는 좌우 양 페이지에 걸쳐 크게 다뤄지고 있었는데 메인은 일반적인 '노천탕'이나 '객실'이 아닌 '부엌' 사진이었다(보통은 '주방'이라고 하지만 가족 경영인 우리 료칸에서는 '부엌'이라는 표현이 더 어울린다고 생각한다). '부엌에서 가족들이 모여 담소를 나누며 요리하는 풍경'이 야마시로야의 메인 사진이었다. 사진을 둘러싸고 있는 글들은 중국어라 정확히는 모르겠지만, 한자로 추측해보면 내가 이야기했던 가족 구성이나 야마시로야의 역사 등이 자세하게 적혀 있는 듯했다.

| 홍콩 잡지에서 메인으로 다룬 것은 '부엌'이었다

취재기자인 찰스 씨는 우리 료칸을 정형화된 일본 료칸이 아닌 '가족 경영의 소규모 료칸'으로 진지하고 정확하게 전달해주려고 노력한 듯했다. 이로 인해 다른 료칸과의 차별화를 꾀할 수 있었다.

잡지가 발행된 이후부터 손님이 눈에 띄게 증가했다. 오이타 현을 방문하는 외국인들 가운데는 한국인이 가장 많고, 두 번째는 타이완인이다. 하지만 야마시로야에서는 한국 손님 다음으로 홍콩 손님이 압도적으로 많다. 「유 매거진」이 인기 있는 잡지라는 사실은 알고 있었지만 야마시로야의 기사를 오려서 가지고 오는 손님이 이렇게 많을 줄은 상상하지 못했다.

그리고 그들 대부분의 관심사는 '부엌'이었다. 료칸에서 가장 뒤에 있어야 할 '부엌'에서 모두가 기념사진을 찍었다. 들리는 이야기에 따르면 홍콩은 '활자 문화의 나라'라고 한다. 그래서 아무리 IT가 발달해도 잡지·서적의 인기가 사라지지 않는다고 한다. "정보가 정보를 낳는다."는 말이 있듯, 그 잡지를 본 다른 출판사에서 잇따라 취재 의뢰가 들어와 일본의 작고 오래된 료칸 '야마시로야'는 눈 깜짝할 사이 홍콩에 이름을 알리게 되었다.

1년 후 나는 오카미인 아내와 둘이서 홍콩을 방문했다. 물론 이번 홍보의 목적지는 여행사가 아닌 잡지사였다.

외국에서 온 손님을 어떻게 대접할 것인가

예약은 '전화'에서 '인터넷'으로   일본정부관광국은 2016년 방일 외국인 관광객 수가 전년도 대비 21.8퍼센트 증가한 2,403만 9,000명으로 4년 연속 역대 최대를 갱신했다고 발표했다. 당시 료칸 업계에서는 대부분 '전화'로 예약 접수를 받고 있었다. 인터넷이 보급되기 시작해 메일로 예약하는 경우도 조금씩 늘고 있었지만, 압도적으로 많은 예약 수단은 역시 전화였다. 전화로는 손님의 '생생한 목소리'를 들을 수 있기 때문에 그 사람의 대략적인 인상이나 연령층 등을 파악할 수가 있다. 그래서 료칸 측에서도 그에 맞게 손님맞이 준비를 할 수 있다.

그 후 서서히 침투한 예약 형태가 '자란넷'이나 '라쿠텐트래블'과 같은 OTA Online Travel Agent다. 통칭 '인터넷 예약'이라고 한다. 유노히라 온천과 같은 지방의 작은 온천지에서도 예상대로 아주 조금씩이기는 하지만 인터넷 예약으로 바뀌어갔다. 지금 생각해보면 그때도 새로운 예약 형태에 대한 거부감을 드러내는 사람들이 적지 않았다. '목소리 한 번 들어본 적 없고 어떤 사람인지도 모르는 예약자에 대한 불안'이 그 이유였다. 하지만 그러한 반감마저도 몇 년 뒤에는 완전히 사라졌다. 시대의 변화에 따라 거의 모든 료칸이 인터넷 예약으로 바뀌었다.

인터넷 예약이 주를 이루면서 료칸 관계자는 컴퓨터로 예약 관리를 해야만 하는 상황이 됐다. 대규모 호텔이나 료칸에는 접수 전문 부서가 있지만, 가족 경영의 소규모 료칸에서는 주인이나 오카미가 틈틈이 관리하지 않으면 안 된다. 예약은 '인터넷'으로도 받지만 '전화'로도 받아야 하는데, 이를 잘못 계산해 실수라도 하면 그야말로 큰일이었다. 특히나 여러 사이트에서 예약 접수를 받으면 중복될 가능성이 있기 때문에 '우리 료칸은 ○○사이트'라는 식으로 예약 접수 사이트를 한 곳으로 한정하거나 얼마 되지 않는 객실을 각 예약 사이트에 배분하는 수밖에 없었다.

그러던 중 이런 어려움을 해결하기 위한 혁신적인 기술이 탄생했다. 바로 '사이트 컨트롤러(국내에서는 채널 매니저 시스템이라 부른다 — 옮긴이)'다. 복수의 예약 사이트에 모든 객실의 수를 등록해두고 어느 사이트에 예약이 들어오면 모든 예약 사이트의 재고를 자동으로 조정해주는 인터넷상의 새로운 시스템이다. 일본에서는 'TL-린칸', '테마이라즈', '넷팡' 등이 유명하다. 이 사이트 컨트롤러의 출현으로 숙박 업계의 예약 관리가 일원화되었고 순식간에 판매 채널이 증가했다. 게다가 OTA 자체도 그동안의 국내 예약 사이트부터 해외 예약 사이트까지 가속도를 붙여 증가했다. 특히 해외 사이트인 '부킹닷컴', '익스피디아', '아고다' 등은 다언어 대응도 확실하게 지원하고 있다.

● 외국인 관광객의 흐름은 이제 막 시작됐다

일본 정부는 2020년 도쿄 올림픽·패럴림픽까지 방일 외국인 관광객 4,000만 명 유치를 목표로 내세웠다. 지금까지의 증가율로 볼 때 '4,000만 명은 쉽게 달성할 것'이라는 낙관적 견해가 있는가 하면, 앞으로 증가율이 둔해져 '현 상태로 목표 달성은 아무래도 무리일 것'이라는 비관적 견해도 있다. 증가율이 늘어날 것인지 줄어들 것인지는 예측하기 어렵지만 일본을 방문하는 외국인 손님이 계속 증가할 것은 분명하다.

과거에는 해외여행이라고 하면 여행지에 대한 불안 등의 이유로 여행사가 수속을 대신해주는 '단체 여행'이 대부분을 차지했다. 하지면 요즘은 교통수단에서부터 숙박까지 개인이 수속하는 자유여행이 해마다 증가하고 있다. 일본국토교통성관광청이 발표한 「방일 외국인 소비 동향」 2016년도 보고서에 따르면 관광·레저를 목적으로 한 여행 수속 방법은 다음과 같다(38쪽 **도표 1-1** 참조).

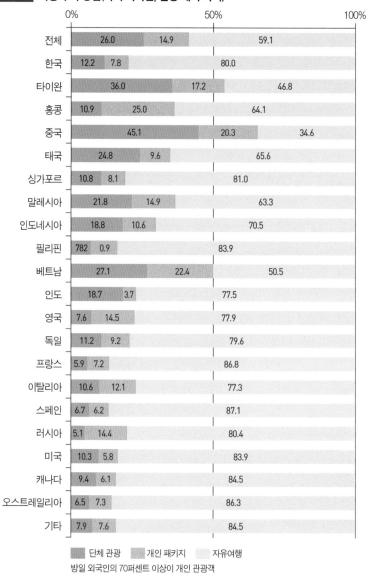

도표 1-1 여행 수속 방법(국적·지역별, 관광·레저 목적)

	단체 관광	개인 패키지	자유여행
전체	26.0	14.9	59.1
한국	12.2	7.8	80.0
타이완	36.0	17.2	46.8
홍콩	10.9	25.0	64.1
중국	45.1	20.3	34.6
태국	24.8	9.6	65.6
싱가포르	10.8	8.1	81.0
말레이시아	21.8	14.9	63.3
인도네시아	18.8	10.6	70.5
필리핀	782	0.9	83.9
베트남	27.1	22.4	50.5
인도	18.7	3.7	77.5
영국	7.6	14.5	77.9
독일	11.2	9.2	79.6
프랑스	5.9	7.2	86.8
이탈리아	10.6	12.1	77.3
스페인	6.7	6.2	87.1
러시아	5.1	14.4	80.4
미국	10.3	5.8	83.9
캐나다	9.4	6.1	84.5
오스트레일리아	6.5	7.3	86.3
기타	7.9	7.6	84.5

방일 외국인의 70퍼센트 이상이 개인 관광객
(관광청 「방일 외국인 소비 동향」 2016년도 보고서)

- 여행사 등이 기획한 '단체 관광' …… 16.0퍼센트
- 왕복 항공(선박)권과 숙박 등이 세트인 '개인 패키지' …… 14.9퍼센트
- 왕복 항공(선박)권과 숙박 등을 개별 수속한 '자유여행' …… 59.1퍼센트

이를 보면 전체의 74퍼센트가 '개인 관광객'이라는 사실을 알 수 있다. 일본을 방문하는 외국인 관광객이 증가한 데에는 저가항공사의 증가나 비자 요건 완화, 엔화 약세의 영향 등 여러 가지 원인이 있겠지만 거의 대부분을 차지하는 개인 관광객의 증가는 앞에서 이야기한 해외 예약 사이트의 출현이 가장 큰 요인이라 할 수 있다.

게다가 렌터카 내비게이션의 다언어 대응과 같은 기술의 진보도 개인 관광객 증가에 크게 공헌하고 있다.

자유여행은 단체 관광과는 달리 일정을 자기가 유연하게 정할 수 있다. 예를 들어 일본을 여행하다가 갑자기 '굴'이 먹고 싶어졌다고 하자. 굴 요리를 하는 식당을 찾아 렌터카 내비게이션에 식당 주소만 입력하면 한 번에 정확히 갈 수 있다. 최근 외국인 관광객 붐이 언제까지 이어질지를 묻는 질문을 받았는데 나는 "붐이 아닙니다. 이제 시작입니다."라고 대답했다. 왜냐하면 사회 전체를 내다봤을 때 관광입국觀光立國 일본으로서의 잠재력을 아직 다 끄집어내지 못했다고 생각하기 때문이다.

**어중간해서는
안 된다**
　방일 외국인이 계속 증가함에 따라 도시에서는 이미
　호텔이 부족하고, 지방에서는 료칸도 부족해 앞으로
는 민박을 활용할 수밖에 없다는 목소리가 종종 들린다. 이에 일본 정부
는 전국의 민박 금지령을 푸는 주택숙박사업법안(민박신법안)을 내각회
의에서 결정하고 국회에서의 성립을 거쳐 2018년 6월 시행될 예정이다.

　최근에는 민박도 종래의 민가를 활용하는 것이 아니라 맨션 한 채를 통
째로 민박 시설로 건설하는 움직임이 나타나고 있다. 절대적으로 수가 부
족하다면 신설도 불가피하다. 하지만 나는 그 전에 해결해야 할 것이 있
다고 생각한다. 바로 외국인 손님 받기를 망설이는 료칸이 움직이도록 하
는 것이다. 또는 '내국인 숙박이 줄고 있으니 어쩔 수 없이 외국인 손님을
받겠다.'라는 료칸의 의식 개혁이다. 나중에 다시 이야기하겠지만 료칸의
가동률은 40퍼센트 이하다. 오해하지 않도록 덧붙이자면 나는 모든 료칸
이 외국인 손님을 받아야 한다고 말할 생각은 없다. 오히려 '우리는 단골
만', '처음 오는 손님은 사양'이라고 단호한 방침을 정하고 영업하는 료칸
이 있다면 그건 그걸로 좋다고 생각한다. 이런 료칸의 수요도 어느 정도
있을 것이다.

　문제는 마지못해 어중간하게 받는다는 의식이다. '국내 손님이 안 오니
까 언어의 장벽 때문에 불편하긴 하지만 어쩔 수 없이 외국인 손님도 받
아야겠다.'라고 생각하는 숙박업체가 상당히 많다. 손님은 예민하다. 그
것은 일본인도 외국인도 마찬가지다. 이런 생각은 말하지 않아도 태도에
서 드러나게 된다. 그래서 손님은 '아, 사실은 우리를 환영하지 않는구나.'

라는 느낌을 받게 된다. 이는 손님에게 큰 실례를 저지르는 일이고 접객업의 근본 자질을 의심받을 만한 일이다. 마지못해 대접할 바에는 차라리 안 받는다는 생각으로 '처음 오는 손님은 사양'이라고 말하는 숙박업체가 더 낫다고 생각한다.

만약 관광 대국인 프랑스에서(이런 생각을 가진 관광업자는 극히 드물 것 같지만) '프랑스 사람이 오지 않으니 어쩔 수 없이 외국인이라도 받겠다.'는 생각을 가진 호텔에 머물게 된다면 어떨까? 아마도 손님에게 그 분위기가 그대로 전해져 두 번 다시는 가고 싶지 않을 것이다.

일본인도, 외국인도 저마다 다르다

종종 "중국인은 ○○다."라거나 "한국인은 ○○다."라는 말로 국가별로 한데 묶어 말하는 경우를 본다. 대부분 부정적인 이야기가 많고 칭찬하는 경우는 별로 없다. 나는 이런 말을 들을 때마다 안타깝다. 아마 이런 편협한 관점을 가진 사람은 사실 외국인을 만나본 경험이 많지 않은 사람일 것이다.

야마시로야에는 거의 매일 외국인 손님이 온다. 물론 사람에 따라 붙임성이 좋은 사람도 있고, 그렇지 않은 사람도 있다. 어차피 비즈니스적인 만남이기 때문에 어떤 사람이 오든지 별로 신경 쓸 필요가 없다고도 할 수 있다. 하지만 료칸은 서비스업이다. 경제학에서 서비스는 매매를 한 다음에 효용이나 만족 등을 제공하는 '형태가 없는 재화'라고 한다. 형태가 없기 때문에 효용이나 만족을 제공했는지 아닌지는 알 길이 없다. 돌아갈 때 잠깐 보인 손님의 '웃는 얼굴'로 조금 알 수 있을 뿐이다. 그런데 가끔 형태가 있는 대답을 받는 경우가 있다. 바로 손님이 남기고 간 편지다. 여러 나라의 손님들이 야마시로야에 따뜻한 메시지를 남겨주었다. 오른쪽 제일 위에 있는 사진은 한국에서 온 여성 손님에게 받은 편지다. 신경 써서 일본어로 정중하게 써준 편지에 머리가 저절로 숙여진다.

"료칸은 처음이라 괜찮을까 하는 걱정도 있었는데, 오카미 상이 친절하고 상냥하게 설명해주셔서 좋았습니다♡."

이런 편지를 받으면 하루의 피로가 싹 풀린다. 가운데 있는 사진은 타이완에서 온 남자 아이에게 받은 편지다. 아는 영어 단어를 총동원해 열심히 써주었다. 야마시로야에서의 즐거웠던 기억이 생생히 전달된다. 그리고 우리가 서비스를 제공하기 전에 먼저 편지를 전달해주는 경우도 있다(마지막 사진). 중국에서 온 여성 손님이 야마시로야에 도착했을 때 건네준 편지다.

"죄송합니다. 제가 속이 좀 안 좋아서 그러는데 조식과 석식 많이 만들지 않으셔도 됩니다. 남기면 아까우니까요. 같은 이유로 얼음물도 안 주셔도 됩니다."

女将さん ♡

1泊の 短い 時間でしたが、本当に
ありがとうございました！初めての 旅館
だったので、大丈夫かなと 心配したことも
あったんですが、女将さんが 親切で 優しく
説明してくださってよかったんです ♡

a BEAR

2015 2/6

RYOKAN
山城屋
YAMASHIROYA
〒879-5112 大分県由布市湯布院町湯平 309-1
TEL.0977-86-2462/FAX.0977-86-2301
Mail : yamashiroya310@gmail.com
URL : http://www.e-yamashiroya.jp
Facebook : http://www.facebook.com/yamashiroya

Yummy food, beautiful
view, and all of you
We have a lot of fun here!
THANK YOU !! Archie. bye bye.

すみません、私、胃腸が不調なんで、朝食と夕食、
たくさん作ってくださらなくてもよろしいです。
残ってしまいましたら、ろうひになりますんで
それから、同じ理由で、米水も遠慮させていただきます。^_^

| 외국인 숙박 손님에게 받은 편지

나는 이 편지를 받았을 때 '요즘 이렇게 상대를 배려하는 사람이 이 세상에 또 있을까?' 하는 생각이 들 정도로 감동했다. 반대로 '낭비에 익숙해진 우리가 외국에 갔을 때 이런 상냥한 배려를 할 수 있을까?' 하는 생각도 하게 되었다. 솔직히 잘 모르겠다.

나는 지금까지 이런 경험을 많이 했다. 그렇기 때문에 "외국인이기 때문에 ○○다."라거나 "일본이기 때문에 ○○다."라는 식으로 한데 묶어서는 도저히 생각할 수가 없다.

● **문제는 언어가 아니라 '마음의 벽'** 가끔 "외국인 손님을 받고 싶어도 언어의 벽이 있어서 어렵다."라고 말하는 료칸 사람들을 보게 된다. 확실히 커뮤니케이션이 잘 안 되면 서로가 불편하다.

외국인 손님을 받기 위해서는 최소한 영어는 어느 정도 할 수 있어야 한다. 하지만 우리의 직업은 변호사나 의사가 아니라 하룻밤 묵고 갈 손님을 받는 숙박업이다. 체크인에서 체크아웃까지 손님과 나누는 대화 내용은 정해져 있다는 이야기다.

- 일정 확인
- 탕 안내
- 식사 안내
- 체크아웃 시 정산

손님이 올 때마다 똑같은 말을 반복하기 때문에 영어를 아주 잘할 필요는 없다(중학교 수준의 영어밖에 못하는 나도 일단 설명은 할 수 있다). 물론 가능한 한 영어 실력을 키워 좀 더 친밀한 커뮤니케이션을 구사할 수 있다면 더욱 좋겠지만.

아내(오카미)는 외대 출신이지만 대학 졸업 후 20년 가까이 영어를 쓸 기회가 거의 없었다. 그러나 야마시로야에 외국인 손님이 하나둘 오기 시작할 무렵부터 영어책을 사서 독학으로 다시 공부했다. 처음에는 영어만 했지만 점차 한국어, 중국어, 태국어로 공부 범위를 넓혀갔다. 어학은 아무리 공부해도 말할 기회가 없으면 좀처럼 몸에 익지 않는다. 하지만 우리 일은 매일 외국인과 만날 기회가 넘쳐나기 때문에 마음만 먹으면 언제든 외국어로 말을 할 수 있다. 게다가 발음이 이상할 때는 원어민인 손님이 가르쳐주기도 한다. 매일 과외 선생님이 오는 셈이다. 이런 고마운 환경에 있기 때문에 오히려 공부하기에는 안성맞춤이라 할 수 있다.

중국이나 한국으로 여행을 가면 시장 같은 곳에서 상인들이 일본어로 열심히 장사하는 것을 보게 된다. "이거 1,000엔. 싸요. 사세요, 사세요!" 너무 열심이라 감탄할 정도지만 상인이라면 당연히 해야 할 노력을 하고 있다고 할 수도 있다.

그동안 일본 상인은 국내 고객만을 상대해도 살아갈 수 있었다. 하지만 인구 감소에 따른 국내 시장 축소가 표면으로 드러나고 있다. 관광업에 종사하고 있는 사람에게 국제화는 피해갈 수 없는 길이다.

"머리로는 알지만 행동으로는 옮길 수 없다." 여기에는 '언어의 벽'이 아닌 '마음의 벽'이 있는 것 아닐까?

RYOKAN STORY 3

손님의 80퍼센트가 외국인

**스웨덴에서도
칠레에서도**

현재 야마시로야에 오는 손님 중 외국인 손님이 차지하는 비율은 대략 80퍼센트다. 이 이야기를 다른 곳에서 하면 대부분이 무척 놀란다. 지금은 지방의 작은 온천지에서도 외국인을 많이 볼 수 있는 시대이긴 하지만 그래도 기껏해야 30~40퍼센트 정도라고 생각하는 것 같다. 하지만 현실은 놀랄 정도의 속도로 증가하고 있다. 지금까지 야마시로야에 묵었던 외국인 손님의 국적은 **도표 1-2** 와 같다. 세어보면 전부 32개국에서 방문했다. 아시아뿐만 아니라 북유럽의 스웨덴부터 남미 칠레까지 많은 곳에서 손님들이 찾아왔다. 10년 전까지만 해도 후쿠오카 현을 중심으로 규슈권 내에서 오는 손님이 대부분이고, 도쿄나 오사카 등에서 오는 손님도 드물었기 때문에 이 변화는 눈에 확

도표 1-2 야마시로에 묵은 손님의 국적

미국	러시아	인도네시아
프랑스	스웨덴	베트남
영국	노르웨이	싱가포르
이탈리아	핀란드	말레이시아
스위스	한국	미얀마
벨기에	중국	아랍에미리트
네덜란드	타이완	아일랜드
캐나다	칠레	루마니아
폴란드	덴마크	오스트레일리아
독일	뉴질랜드	멕시코
태국	필리핀	

도표 1-3 야마시로야에 묵은 손님의 나라(지역)별 비율

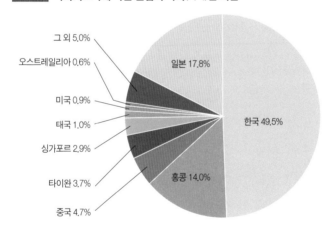

그 외 5.0%
오스트레일리아 0.6%
미국 0.9%
태국 1.0%
싱가포르 2.9%
타이완 3.7%
중국 4.7%
홍콩 14.0%
일본 17.8%
한국 49.5%

띈다.

지리적으로도 가까운 한국에서 오는 손님이 가장 많고 전체의 절반 정도를 차지한다. 그다음이 홍콩, 그리고 중국, 타이완, 싱가포르, 태국 순으로 많다.

그밖에도 유럽 국가나 미국, 남반구의 오스트레일리아에서 오는 손님도 종종 볼 수 있게 되었다. 처음에는 설마 이렇게까지 다양한 나라에서 손님들이 올 거라고는 생각지도 못했다. 그중에는 귀한 선물까지 가지고 오는 손님도 있다. 일본에 있지만 마치 해외여행이라도 하고 있는 듯한 기분이다. 이미 시장은 완전히 '세계 전역'으로 커졌다. 앞으로는 야마시로야가 아닌 다른 료칸에도 외국인 관광객이 점점 많아질 것이다.

'그런데 진짜 이래도 될까?'라고 불안과도 비슷한 위화감을 느끼는 사람도 있을 것이다. 그동안 봐왔던 풍경이 완전히 변해버리는 것에 대한 말로 표현할 수 없는 위화감이다. 여기에 대한 내 나름의 생각을 이야기하도록 하겠다.

● **무인역에 내린 16명의 태국인**

어느 날 해외에서 예약 문의 메일이 왔다. 태국인이었다. 당시만 하더라도 태국에서 온 손님이 거의 없어서 처음에는 당황했지만, 영어로 쓴 메일이라 어느 정도 이해할 수 있었다. 메일은 친구 열여섯 명이 함께 갈 예정인데 예약을 하고 싶다는 내용이었다. 야마시로야의 정원은 스무 명이기 때문에 열여섯 명이면 거의 전세를 내는 셈이다. 일본인 단골손님이 전세를 낸 적은 있어도 외국인이 전세를 내는 일은 처음이라 '진짜 괜찮을까?' 하는 불안이 머리를 스쳤다.

숙박 당일 야마시로야와 가장 가까운 유노히라 역까지 도착 시간에 맞춰 마중을 나와 달라는 메일이 왔다. 가장 가까운 역이라고 해도 유노히라 역까지는 4킬로미터 정도 된다. 게다가 열차가 한 시간에 한 대밖에 없어서 자칫 잘못하면 양쪽 모두 기다리다가 바람을 맞을지도 모르는 상황이었다.

나는 메일을 몇 번이나 다시 읽어보고 '정말 올까?' 하는 떨리는 마음으

┃유노히라 역에 내린 16명의 태국 손님(중간은 오카미)

로 마중용 차를 수배해 역까지 나갔다. 유노히라 역은 무인역이다. 평소에는 한산한 작은 역인데 얼마 지나지 않아 플랫폼에 열여섯 명의 손님이 내렸다. '진짜 왔다!'라는 놀라움과 함께 왠지 모르게 지금부터 시작될 미래의 모습을 살짝 엿본 것 같은 기분이 들어 '이제부터가 시작이다.'라고 마음속으로 외쳤던 기억이 아직도 생생하다.

'ㅇㅇ다움'이란 무엇일까?

유노히라 역에 많은 외국인이 내리는 모습은 이제 익숙한 풍경이 되었다. 현재 작은 역사 안에는 유후인 역장이 작성한 4개 언어로 된 '환영 인사'가 붙어 있다. 그리고 저녁이 되면 유노히라온천의 상징인 돌 언덕길에서 유카타 차림의 커플이 가고노강을 배경으로 즐겁게 사진 찍는 모습을 볼 수 있는데 거의 대부분이 한국이나 홍콩 등에서 온 외국인이다.

불과 몇 년 전, 아직 외국인의 모습이 많이 보이지 않던 시절 지역 회의에서 '외국인 관광객'을 놓고 아주 진지하게 논의를 했었다. "외국인이 돌길을 걸으면 풍경을 해친다."라는 의견이나 "유노히라다움이 없어진다."라는 의견을 정색을 하고 말하는 사람도 있었다. 하지만 애초에 'ㅇㅇ다움'이란 무엇일까? 나는 그 대답의 힌트를 유후인 온천의 '인력거'에서 찾을 수 있다고 생각한다.

인력거는 유후인답지 않다고? 　지금으로부터 13년 전, 유후인에 '인력거'가 나타났다. 인력거 영업을 하고 있는 곳은 교토 아라시야마에 본점이 있는 '에비스야'로 전국에 10개의 지점이 있다. 유후인 점 점장인 쓰다 다카유키津田貴之 씨는 후쿠오카 현 출신으로 유후 시 상공회 청년부에 소속되어 있고 지금은 청년부장으로 폭넓은 활약을 하고 있다. 2016년 4월에 발생한 구마모토·오이타 대지진 때는 직원들과 함께 재해를 입은 유후인 마을을 돌며 신속한 쓰레기 철거 등 봉사활동을 한 행동력 있는 인물이다. 쓰다 씨의 이야기에 따르면 유후인에 처음 출점했을 때는 상당한 역풍에 시달렸고, 관광협회에 가입하는 데만도 7년이 걸렸다고 한다. '인력거는 유후인답지 않다.', '교통정체가 잦은 길에 인력거가 달리는 것은 너무 위험하다.' 등의 이유 때문이었다고 한다. 하지만 쓰다 씨는 지역 주민들에게 사랑받는 '인력거'이고 싶어서 매일 아침 도로 청소를 하고 지역 주민과 관광객에게 반갑게 인사하는 '인사하기 운동'을 끈질기게 펼친 결과 조금씩 마을 사람들에게 녹아들 수 있었다고 한다.

나는 이 이야기를 듣고 유후인 정 부흥의 선구자 미조구치 군페이溝口薫平 씨의 말이 떠올랐다. 미조구치 씨는 국토교통성이 선정한 '관광 카리스마(관광청이 선정한, 관광 진흥에 핵심이 되는 인재 — 옮긴이)'이고 유후인을 대표하는 료칸 '유후인 다마노유'의 회장이다. 1970년대 후반 이후 료칸 '가메노이벳소'의 나카야 겐타로中谷健太郎 씨, 야마노호텔 무소엔의 시데 코지志手康 씨와 함께 '유후인 영화제'나 '소고기 먹고 절규하기 대회' 등 마을의 부흥을 이끈 이벤트를 잇달아 시작하고 나중에 유후인의 관광 명물이 된 '쓰지마차'를 기획한 인물이다.

유후인의 명물인 쓰지마차는 원래 근대 유럽의 도시 교통수단 중 하나다. 오늘날 택시의 전신으로 사전에 정해놓은 길가에서 손님을 태워 목적지까지 운반하고 운임을 받는 형식의 마차가 기원이다. 미조구치 씨가 나카야 씨, 시데 씨와 함께 독일로 시찰 여행을 갔을 때 관광용으로 달리고 있는 쓰지마차를 보고 이것을 유후인의 명물로 만들자는 생각으로 실행했다고 한다. 그러나 당시 유후인 사람들에게는 어느 날 갑자기 본 적도 없는 풍경이 눈앞에 펼쳐지니 그동안의 일상 풍경과 비교해 '유후인답지 않다.'고 느꼈을 것이다. 당연히 처음에는 비난이 심했다고 한다. "말이 우리 집 앞에 똥을 싸면 당신이 다 치워."라는 식의 말과 인정사정없는 공격을 받는 일이 많았다고 한다.

하지만 그 후 미디어에서도 다뤄지고 이용하는 관광객이 점점 많아지기 시작하자 "그 일을 나도 하면 안 될까요?"라고 말하는 사람들이 생겼다. 지금은 매년 3월 1일 유후인 역 앞에서 '쓰지마차 개시' 행사가 열린다. 많은 관광객이 지켜보는 가운데 마차의 안전 운행을 기원하는 제사나 떡메치기 등이 떠들썩하게 행해져 그야말로 '유후인다움'을 연출하는 봄의 이벤트가 되었다.

사람들은 처음 보는 것에 대해 거부감을 느끼고 "○○답지 않다."라고 말한다. 하지만 그 '○○다움'은 그 사람이 살아온 얼마간의 경험에서 오는 감각일 뿐이다. 인력거가 유후인 거리를 달리기 시작한 지 14년이 되

| 유후인 거리를 달리는 '쓰지마차'(위)와 '인력거'(아래)

었다. 그 풍경을 어릴 때부터 당연한 모습으로, 익숙하게 보아온 지금의 아이들에게는 쓰지마차와 마찬가지로 '유후인다운' 풍경일 것이다.

다시 말해 'ㅇㅇ답다'라는 말은 시대와 함께 변한다고 할 수 있다. 유노히라 온천의 돌길을 외국인이 걷고 있는 풍경도, 유노히라 역에 많은 외국인이 있는 모습도 유노히라에 있는 지금의 아이들에게는 '지극히 자연스러운 풍경' 중 하나이지 않을까?

●
일본을 방문한 외국인이
일본의 전통문화를 지킨다

오이타 현에는 '작은 교토'로 불리는 성하마을이 몇 군데 있다. 성하마을은 오이타 현이 에도 시대에 8개의 번(나카쓰 번, 오카 번, 우스키 번, 기쓰키 번, 히지 번, 후나이 번, 사이키 번, 모리 번)으로 나뉜 '소번분립小藩分立'이었다는 흔적으로, 오랜 세월 자리를 지키고 있는 어느 무사의 집터 등이 성하마을의 분위기를 지금의 우리에게 전해주고 있다.

그중 옛 기쓰키 번에 해당하는 기쓰키 시는 기쓰키 성을 중심으로 남북의 고지대에 무사의 저택이 줄지어 서 있고 그 사이에 상인의 마을이 남아 있는, 전국에서도 몇 안 되는 샌드위치형 성하마을이다. 마치 교토의 풍경을 보고 있는 듯한 느낌이 드는 거리지만 예전에는 관광지로 그다지 주목받지 못했다. 하지만 2011년 무렵부터 이 거리에서 기모노 차림의 관광객을 종종 볼 수 있게 되었고, 지금은 기모노 차림의 관광객이 이 거리의 풍물이라고 할 수 있는 광경이 되었다. 이런 모습은 시내에서 기모노를 빌려주는 사업을 하고 있는 와라쿠안의 이용자 수와 매출 추이로 나타낼 수 있다. 2011년도에 970명이었던 이용자 수가 5년 후인 2016년도에는 1만 356명으로 열 배 이상 증가했다. 게다가 기모노를 입고 걷고 있는 관광객의 대부분이 외국인이다.

이 관광객 유치 계획을 세운 사람은 기쓰키 시 관광협회의 미우라 다카노리三浦孝典 사무국장이다. 미우라 씨는 부인이 타이완 사람이고 예전에 헬로키티 테마파크로 유명한 '산리오 퓨로랜드'에서 근무했다. 그때 외국인 관광객 고객 유치 업무를 기획한 경험이 있고 해외 관광 정보에 정통한 사람이다. 그 덕분에 사무국장 취임 당시부터 타이완 관광객 유치에 힘을 쏟았고, 외국인이 가장 좋아하는 '기모노 투어'를 기쓰키 시에 널리 퍼트렸다. 미우라 씨의 생각은 적중했고, 그전까지 일본인조차 기모노를 입고 걸어본 적 없는 거리를 타이완이나 홍콩에서 온 손님들이 단체로 기모노를 빌려 입고 다니는 모습을 자주 볼 수 있게 되었다. 외국인을 통해서 '옛 시절 성하마을의 풍경'이 되살아난 것이다. 지금의 일본은 '일본을 방문하는 외국인을 통해서 일본 전통문화를 다시 보게 되는' 새로운 시대에 들어선 것인지도 모른다.

외국인 관광객은 이렇게 다르다

6개월 전 예약은 당연한 일

당연한 이야기이지만 야마시로야는 결코 일본인 손님을 일부러 배제한 일이 없다. 그렇다면 왜 이렇게 외국인 손님 비율이 압도적으로 높은 걸까? 거기에는 이유가 있다. 야마시로야의 예약 접수는 거의 대부분이 인터넷으로 이루어지고, 1년 전부터 가능하다. 일본인의 경우 (나도 그렇지만) 한 달 정도 전에 '다음 달에 갈 여행지의 호텔을 잡아볼까?' 하고 예약하는 사람이 대부분일 것이다. 그런데 외국인은 6개월 전 예약은 흔한 일이고, 1년 전부터 예약하는 사람도 있다. 일본에서 멀리 떨어진 나라에서 오는 손님일수록 그런 경향이 높다.

생각해보면 남반구에 있는 오스트레일리아에서 오는 손님에게 일본

도표 1-4 국가별 사전 예약 기간

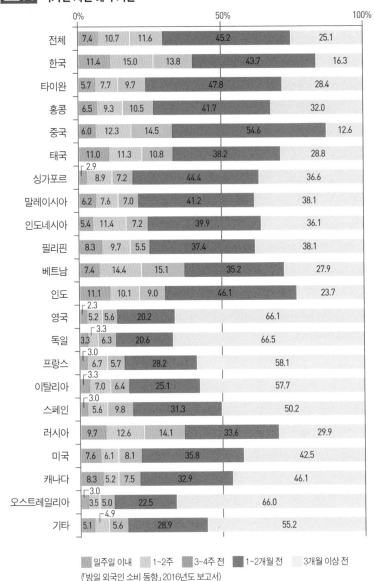

	일주일 이내	1~2주	3~4주 전	1~2개월 전	3개월 이상 전
전체	7.4	10.7	11.6	45.2	25.1
한국	11.4	15.0	13.8	43.7	16.3
타이완	5.7	7.7	9.7	47.8	28.4
홍콩	6.5	9.3	10.5	41.7	32.0
중국	6.0	12.3	14.5	54.6	12.6
태국	11.0	11.3	10.8	38.2	28.8
싱가포르	2.9	8.9	7.2	44.4	36.6
말레이시아	6.2	7.6	7.0	41.2	38.1
인도네시아	5.4	11.4	7.2	39.9	36.1
필리핀	8.3	9.7	5.5	37.4	38.1
베트남	7.4	14.4	15.1	35.2	27.9
인도	11.1	10.1	9.0	46.1	23.7
영국	2.3	5.2	5.6	20.2	66.1
독일	3.3	3.3	6.3	20.6	66.5
프랑스	3.0	6.7	5.7	28.2	58.1
이탈리아	3.3	7.0	6.4	25.1	57.7
스페인	3.0	5.6	9.8	31.3	50.2
러시아	9.7	12.6	14.1	33.6	29.9
미국	7.6	6.1	8.1	35.8	42.5
캐나다	8.3	5.2	7.5	32.9	46.1
오스트레일리아	3.0	3.5	5.0	22.5	66.0
기타	4.9	5.1	5.6	28.9	55.2

(「방일 외국인 소비 동향」 2016년도 보고서)

여행은 일생에 몇 번 없는 일일 것이다. 그리고 모처럼 해외여행을 하는 거라면 휴가를 한 달 이상 받는다는 이야기도 수긍이 간다. 그렇기 때문에 일정을 꼼꼼히 짜고 체크할 것이다. 그러니 1년 전부터 숙소를 잡는 것도 충분히 이해가 간다. 이런 이유로 상당히 일찍 예약이 차버리기 때문에 여행에 임박해서 예약을 하려고 하면 할 수 없는 상태가 되어버렸다. 결과적으로 일본인이 예약을 하려고 했을 때는 이미 외국인이 예약을 다 해버린 다음이다. 이런 경향은 일본을 방문하는 외국인이 많아지면 많아질수록 두드러질 것이다.

●
일본인의 상상을 뛰어넘는 행동 범위　　일본을 방문하는 외국인 관광객의 체류일 수는 일본에서 멀리 떨어진 나라일수록 길고, 료칸에서 2박 이상 연속으로 숙박하는 비율도 높다. 긴 여행에서는 큰 가방을 가지고 다녀야 하는 만큼 가능한 한 같은 호텔에 묵고 싶어 하는 것이 당연한 일이다.

예전에 야마시로야에 사흘 연속으로 숙박한 싱가포르 손님이 있었다. 이야기를 나눠보니 일주일 동안 규슈 관광을 할 계획으로 일본에 왔다고 했다. 렌터카를 이용했는데 야마시로야에 묵는 동안 어디를 관광하는지 참고하기 위해 물어보았다. 그러자 "오늘은 구마모토 현에 있는 아소 산까지 다녀올 거고, 내일은 미야자키 현 다카치오까지 갈 예정입니다. 모레는 유후인에서 벳푸까지 돌고 후쿠오카 공항에서 비행기를 탈 예정입니다."라고 대답했다.

렌터카로 이동하면 가고 싶은 곳에 거의 다 갈 수 있겠지만 그렇다고 해도 이 행동 범위는 일본인인 우리는 생각할 수 없는 발상이었다. 게다가 매일 오이타 현에 있는 야마시로야로 돌아온다. 일주일이라는 귀중한 시간에 가능한 한 규슈를 다 돌아보고 싶은 마음은 충분히 이해가 간다. 그렇긴 하지만 일본인의 상상을 완전히 뛰어넘는 행동 범위다.

● **고타쓰는** **〈짱구는 못 말려〉의 세계** 예전에는 겨울철이 되면 방에 '고타쓰(일본에서 쓰이는 온열기구로, 나무로 만든 밥상에 담요를 덮은 형태 — 옮긴이)'를 준비해두었다(지금은 여러 가지 사정으로 평범한 좌식 상이다). 고타쓰가 있는 풍경은 일본인에게는 지극히 평범한 풍경이다. 하지만 외국인 손님을 고타쓰가 있는 방으로 안내했더니 너무 격한 반응을 보여 놀랐던 기억이 있다. 다다미 방 자체도 신기한데 거기에 처음 보는 고타쓰는 일본 애니메이션에서밖에 본 적이 없는 세계였던 것이다. 그렇다. 〈짱구는 못 말려〉에서 짱구가 신나게 기어들어가 뒹굴거리는 비밀의 은신처다. 특히 아시아에서 온 젊은 손님들은 유튜브로 보는 일본 애니메이션을 아주 좋아한다. 일본 문화를 유튜브로 배우고 있다고 해도 과언이 아니다.

이런 일도 있었다. 초등학생이었던 우리 아이가 료칸 현관 앞에 '빨간색 란도셀(일본 초등학생이 등에 매고 다니는 책가방 — 옮긴이)'을 놔두고 깜

빡한 일이 있었다. 일반 료칸에서는 있을 수 없는 일이지만 야마시로야처럼 가족이 경영하는 경우 료칸과 자택이 겸용이라 아이에게 아무리 이야기해도 잘 안 될 때가 있다. 그때 현관 로비에서 빨간색 란도셀을 우연히 본 외국인 손님의 눈이 흥미진진하게 반짝였다. 그것은 바로 틀림없이 일본 애니메이션 〈도라에몽〉에서 본 초등학생의 가방이었기 때문이다. 우리에게는 너무 평범한 풍경이라도 외국인 눈에는 신선하게 비칠 수 있다는 사실을 이때도 실감했다.

●
엄마의 맛은
세계의 맛
손님의 80퍼센트가 외국인 손님이라는 사실 때문에 다른 료칸에서 요리에 대해 질문을 해오기도 한다. "외국인은 회를 먹습니까?"라든지 "특별한 요리가 나갑니까?"와 같은 질문이다. 야마시로야에서는 모든 손님에게 똑같은 요리가 나간다. 일본인도 외국인도 똑같은 요리다. 회, 국, 조림, 구이, 튀김, 찜, 무침, 초절임 등의 기본 요리에 오이타 현의 특산물인 분고규(소고기 화로구이 ─ 옮긴이)또는 닭고기나 돼지고기 전골이 나간다.

일반적인 일식이지만 야마시로야의 경우는 가정 요리에 가깝다고 할 수 있다. 기본적으로 장모님인 큰오카미를 중심으로 가족 모두가 함께 만들고 있기 때문이다(앞에서 이야기했던 '부엌'에서 만들고 있다). 고급 료칸처럼 주방장이 있는 것도 아니고, 밑에서 배우는 요리사가 몇 명이나 있는 것도 아니다. 굳이 말하자면 '큰오카미'가 주방장이다. 간 맞추기는 큰오카미가 오랜 세월 동안 익혀온 '감'에 의지한다고 할 수 있다. 이른바 '엄마의 맛'이다. 그날 인원수에 맞춰 육수 재료를 배분하는 일에서부터 불 조절까지 적당하게 조절하는 부분이 '감'이고 좀처럼 흉내 낼 수 없는 부분이다. 이 '엄마의 맛'이 아주 큰 역할을 했는지 후기 사이트나 설문 조사 결과에서도 '요리' 부분에서 야마시로야가 좋은 평가를 받는다.

조미김과 초된장의 인기

조식에는 반드시 '조미김'이 나간다. 일본 료칸 조식에서는 일반적이다. 한국인이나 일본인에게는 익숙한 음식이지만, 그 외의 나라에서는 직사각형으로 잘라 깔끔하게 포장해놓은 김을 쉽게 볼 수 없다고 한다. "이건 뭐예요?"라고 많이 묻는데, 오카미가 '김초밥'을 마는 시늉을 하면서 "롤링 스시."라고 하면 그제서야 고개를 끄덕인다. 우리에게는 평범한 것이라도 외국인의 눈에는 신선한 것일 수 있다.

의외로 '초된장'은 아시아 공통으로 좋아하는 맛인 것 같다. 된장과 설탕, 식초를 섞어놓은 간단한 조미료로 채소나 조개류, 문어, 해조류 등의 '초된장 무침'에 쓰고 예전부터 가정 요리로 즐겨왔다. 하지만 최근에는 드레싱 같은 제품들이 보급되어 일본인도 많이 먹지 않는다. 야마시로야의 석식에는 반드시 이 '초된장 무침'이 나가는데 아시아 손님들은 대부분 남기지 않고 다 먹는다. 요즘 일본인이 멀리하기 쉬운 것이지만 외국인이 좋아하는 의외의 것 중 하나다.

지역의 계약 농가에서 매입하는 쌀도 인기가 있다. 아시아 손님에게도 쌀 맛이 좋고 나쁘고는 분명하다. 신선한 채소 본연의 맛도 호평이다. 유노히라는 고랭지이기 때문에 채소 본래의 단맛이 강하다. 피망이나 당근 같은 채소를 잘 못 먹는 사람도 "이렇게 단맛이 나는지 몰랐어요."라는 말을 자주 한다. 그밖에도 '따뜻한 음식은 따뜻할 때' 나가는 타이밍이나 오카미가 식재료에 대한 설명을 해주는 것도 좋아한다.

물론 손님 중에는 날생선을 싫어하거나 소고기나 유제품 등을 못 먹는 사람도 있다. 사전에 메일 등으로 알려준 경우에는 다른 식재료로 대체하거나 하는데 이것은 일본인 손님이라도 마찬가지다(오히려 알레르기가 있다고 이야기하는 경우는 일본인이 더 많은 것 같다). 손님의 요청에는 가능한 한 맞춰주고 있지만 가족 경영의 소규모 료칸에서는 맞출 수 없는 경우도 있다. '할 수 있는 것은 한다. 못 하는 것은 안 한다.' 이걸로도 괜찮다고 생각한다. 이렇게 해도 일본 문화를 처음 체험하는 대부분의 외국인 손님은 만족한다.

RYOKAN
STORY

CHAPTER 2

최고의 대접은
'안도감'

'대접'은 공항에 도착했을 때부터

**개인 관광객은
불안 덩어리**

최근 '대접'이라는 말을 자주 한다. '대접하는 마음', '대접 문화'라는 식으로 쓰인다. 2013년 국제올림픽위원회 총회에서 아나운서 타키가와 크리스텔滝川クリステル 씨가 대접을 뜻하는 일본어 '오·모·테·나·시'를 한 자 한 자 딱딱 끊어서 발음한 이후 이 말은 순식간에 세계로 퍼졌고, 그해 유행어 대상에 선정되기까지 했다. 그렇다면 도대체 '대접'이란 무엇일까? 보통 '마음을 담은 접대', 또는 '마음을 담아서 고객을 환대·서비스하는 것'이라고 설명한다. '마음을 담다'라는 부분이 열쇠인 것 같다. 하지만 조금 비딱하게 말하자면 아무리 마음을 담아도 그 마음이 상대에게 전해지지 않거나 형태로써 보이지 않는다면 의미가 없다. 그래서 내 나름대로 '대접'이라는 말의 의미를 생각해보았다.

예를 들어 우리가 손님과 반대 입장이 된다면 어떨까? 우리도 외국으로 여행을 가면 '외국인'이다. 한 사람의 외국인이 되어 해외에서 여행을 할 때 어떤 '대접'을 받으면 가장 좋을까? 작년에 나는 아내와 2박 3일로 홍콩 여행을 다녀왔다. 부부가 함께하는 해외여행은 5년 전 중국 이후 처음이었는데 그때는 단체여행이라 별 문제가 없었다. 그런데 이번에는 완전한 자유여행이었다. 게다가 관광보다는 '영업'이 목적이었다. 일본정부 관광국 홍콩사무소에 가서 정보 수집을 하고, 현지 잡지사 몇 곳과 방송국 관계자들을 만나 홍보하는 것이 주된 목적이었다. 모든 일정을 우리가 직접 짜고 가이드도 통역도 없는 여행이었다.

홍콩까지 가는 비행기와 호텔 예약은 인터넷으로 간단히 할 수 있다. 일시만 틀리지 않게 선택하면 홍콩 공항까지 확실하게 갈 수 있다. 문제는 그 다음이다. 홍콩국제공항은 아시아를 대표하는 허브 공항으로 1998년에 홍콩 중심부에서 40킬로미터 정도 떨어진 란타오 섬에 이전 건설된 비교적 신식 공항이다. 공항에서 호텔까지는 공항버스나 택시, 전철 등을 이용해 이동해야 하는데, 자유여행 초심자의 최초 관문은 우선 '승강장을 찾는 것'이다. 이 시점에서 벌써 소심한 나는 가슴이 두근거리기 시작했지만 운 좋게도 택시 승강장을 찾을 수 있었다. 그래서 문제없이 호텔까지 이동할 수 있었다. 그런데 호텔 프론트 데스크에서는 영어로 체크인을 해야 한다. 예약은 제대로 됐을까? 예약한 방이 잘못되지는 않았겠지? 마음 속에 이런 불안이 가득했지만 아내 앞에서는 아무렇지도 않은 척했다.

방에서 한숨 돌린 다음 예비 조사를 하러 시내에 나가기로 했다. 다음

날부터 구글맵에 의지해 목적지까지 스스로 찾아가야 했기 때문이다. 홍콩에는 이층버스, 트램이라고 하는 노면전차, 지하철 등의 이동수단이 있는데 우리에게는 전부 처음이었다. 나는 바로 택시를 타려고 했는데 용기 있는 아내가 주저하지 않고 요금이 저렴한 지하철이나 버스를 타자고 했다. 덩달아 나도 공부라고 생각하고 시도해보았다. 홍콩의 지하철은 생각보다 타기 쉬웠고, 이층버스도 문제없이 탈 수 있어서 놀랐다. 게다가 옥토퍼스 카드라고 하는 선불식 IC카드는 매우 편리했다. 대중교통 외에도 편의점이나 패스트푸드점, 슈퍼마켓 같은 곳에서 사용할 수 있는 카드였다. 홍콩에 가기 전에 우연히 구입했던 가이드북에서 이런 카드가 있다는 사실을 알게 되었는데, 알고 있는 것과 모르는 것에는 아주 큰 차이가 있다고 느꼈다. 그 후 예정대로 각 회사를 방문해 당초의 목적을 달성할 수 있었다. 그리고 이 2박 3일은 우리에게 대모험이었다.

이렇게 외국인 관광객의 입장이 되어 보니, 그야말로 온통 '불안 덩어리'임을 알게 되었다. 관광객에게서 이 '불안 덩어리'를 하나씩 떼어내 '안도감'으로 바꿀 수 있다면 여행이 좀 더 즐거운 기억이 되고, 이동하는 시간마저도 여행의 즐거움 중 하나가 되지 않을까?

'대접'에 대한 야마시로야의 대답은 바로 '안도감'이다. 나는 이 '안도감'을 손님에게 제공하는 것을 제일로 생각하고 지금까지 여러 가지 대처를 해왔다.

홈페이지부터 4개국어로

가장 먼저 한 일은 '홈페이지'의 다언어화였다. 야마시로야의 홈페이지는 대략 18년 전에 내가 직접 만든 것이다. 그 후 리뉴얼을 하기는 했지만 기본적으로 아직도 내가 관리하고 있다. 고객층이 단체 손님에서 개인 손님으로 바뀌고, 일본인 관광객 수가 조금씩 줄어들기 시작했을 무렵, 아직 막연하긴 하지만 앞으로는 해외로 눈을 돌려야 한다는 생각이 들었다. 그래서 홈페이지를 다언어화하기로 했다.

하지만 내가 쓴 일본어를 업체에 맡겨 그대로 번역하면 재미가 없다. 원어민이 실제로 유노히라에 와서 야마시로야에 묵고 유노히라 온천과 야마시로야의 모든 것을 눈으로 보고 느낀 다음, 자국에 있는 가족과 친구에게 소개할 때 어떤 말로 표현하면 가장 이해하기 쉬울지를 함께 생각해주면 좋을 것 같다는 생각이 들었다. 그때 눈에 들어온 것이 '지역의 유학생'이었다. 오이타 현은 벳푸에 리쓰메이칸 아시아태평양대학APU이 있고, 인구 10만 명당 유학생 비율을 보면 도도부현(일본 행정구역 ─ 옮긴이)별 전국 1위다. 나는 유학생들을 활용하면 좋겠다는 생각이 들어 오이타 현 내의 유학생과 기업·단체를 연결하는 사이트인 '엑티브넷'에 등록해 번역자를 모집했다(액티브넷은 2004년에 오이타 현 산학관이 설립한 특정비영리활동법인 '대학 컨소시엄 오이타'가 운영하는 사이트로, 기업·단체와 유학생을 연결한다).

모집 기간은 2주, 채용 인원은 두 명이었는데 일주일도 안 되어 지원자가 20명이나 됐다. 나중에 들은 이야기지만 이는 엑티브넷 활용 사례 중에서도 아주 드문 경우였다고 한다. 생각보다 지원자가 많아 채용 인원을 늘려 영어, 한국어, 중국어 이렇게 세 명의 유학생을 채용하기로 했다. 채용한 유학생들은 내 요청에 정말 진지하게 응해주었다.

중국인 여자 유학생은 시인인 아버지와 함께 유노히라 온천을 위한 멋진 카피를 써주었다. 바로 '인간적 세외도원'이라는 카피였다. '인적이 드문 유토피아 같은 곳'이라는 뜻이다. 그리고 한국인 남자 유학생은 한국인이 좋아할 만한 배경음악을 찾아주었다. 어느 것 하나 그냥 번역하지 않고 자기 나름의 아이디어를 담아주었다. 게다가 영어를 담당한 중국인

| 4개국어 서비스를 하고 있는 홈페이지(영어 서비스 화면)

남자 유학생은 햇병아리 시스템 엔지니어였는데 번역뿐만 아니라 홈페이지 제작의 기술적인 조언까지 해주었다. 당시 일본제 '홈페이지 만들기 프로그램'은 한국어나 중국어로 한자 대응이 되지 않았는데 윈도우의 텍스트 에디터 '메모장'을 사용하면 할 수 있다는 이야기 등을 해주었다. 이렇게 유학생들의 도움을 받아 야마시로야의 홈페이지는 12년 전에 4개국어로 대응할 수 있게 되어 외국인도 '안심하고 예약'할 수 있는 준비가 갖춰졌다.

야마시로야까지의 루트맵을 만들다

일본인 학생도 홈페이지 만들기에 크게 협력해주었다. 그는 내가 실행위원장을 맡았던 자전거 이벤트 '쓰루도 유노히라'의 스태프로서 이미 아는 사이였다. 그 후 우리는 이벤트뿐만 아니라 유노히라 온천의 지역 활성화 방안까지 함께 논의하는 사이가 되었다. 어느 날 '대접이란 무엇인가?'라는 이야기를 나눴을 때 학생이 "대접은 공항에 도착했을 때부터 시작되는 거 아닌가요?"라는 말을 했다. '바로 이거다.'라는 생각이 들어 규슈의 현관문인 '하카타 항', '후쿠오카 공항', '기타큐슈 공항' 이렇게 세 곳에서 야마시로야와 가장 가까운 유노히라 역까지 오는 교통수단을 영어로 소개하는 '대접하는 루트맵'을 함께 만들기로 했다.

학생들은 발 빠르게 "그럼 저희는 내일 후쿠오카에 가서 사진을 찍어오겠습니다."라고 했다. 그래서 하루치 교통비를 주었더니 바로 행동으로 옮겨주었다. 공항 안이나 역사 안, 승차권 발권기나 버스정류장의 위치 등 실제 교통수단의 루트를 따라 모든 장소를 촬영해왔다. 게다가 사진의 설명문은 뉴질랜드에서 유학한 경험이 있는 학생이 영어로 번역해주었다. 나는 이 데이터를 홈페이지 메인에 있는 'ACCESS'란에 올리고 전체적인 루트맵을 만들었다(오른쪽 사진 참조).

덕분에 손님이 메일로 문의했을 때 이 페이지 주소를 알려주어 야마시로야에 도착할 때까지의 '안도감'을 사전에 제공할 수 있게 되었다. 바로 "대접은 공항에 도착했을 때부터 시작된다."를 구현한 것이다. 오이타 현은 '어학에 강한 학생이 많은 대학'이 가까이 있는 것 자체가 큰 강점이라 할 수 있다. 하지만 다른 지역에서도 이벤트 등을 통해 평소에 적극적으로 대학생과 공동 작업을 하는 것이 가능하다고 생각한다.

● **메일용 영문 답장 예문집을 만들다** 그동안 명료하지 않았던 교통수단 안내는 '대접하는 루트맵'으로 어느 정도 해소됐다. 하지만 아직 부족한 것이 있었다. 손님들은 유노히라 역에서 야마시로야까지의 픽업 서비스, 식사 시간, 온천 이용 방법 등에 관한 문의를 많이 해왔다. 이런 문의는 거의 메일로 오는데 대부분이 영어 메일이다.

"아시아 손님이 많으면 여러 가지 언어를 해야 해서 많이 힘들 것 같아요."라고 하는 사람이 많은데 사실 아시아에서 온 관광객(한국, 중국, 태국, 싱가포르 등) 대부분이 영어를 사용한다. 그래서 예약 손님 대부분이 외국

From Hakata Port International Terminal **to** Yunohira **by** Shuttle Bus

Welcome to Japan. Let us guide you to our location

Route:

Hakata Port International Terminal → (Shuttle Bus) → JR Yufuin Station →(Train: JR Kyu-dai line)→ JR Yunohira Station →(Taxi)→ Yunohira

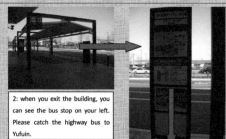

1: Arrive at Hakata Port International Terminal. Step off the escalator and exit the building.

2: when you exit the building, you can see the bus stop on your left. Please catch the highway bus to Yufuin.

<Please show this to the driver to buy a ticket, if you have any problem when you buy bus ticket.>

「由布院までの高速バスチケ

ットを買いたいのですが。」

Yuhuin made no basu tiketto wo Kaitai no desuga

3: You can buy bus ticket from the bus driver. One Way Ticket is cost 2800 Yen for 2 hours ride to get to Yufuin Bus station.

4: Arrive at Yufuin, 1 minute walk to the JR Yufuin station.

5: This is the Yufuin station, the station is small, and so you will not get lost.

6: Once you are inside Yufuin Station, there is a ticket vending machine. Please follow the step to buy the train ticket.

하카타 항에서 유노히라온천까지의 루트맵

인이면 영어 문의 메일이 하루에도 몇 통씩 온다. 일본어라면 밖에 있어도 스마트폰으로 간단히 답장할 수 있지만 영어라면 내 영어 실력으로는 많이 힘들다. 일일이 구글 번역으로 변환하면 답장을 하는 데 시간이 많이 걸린다. 이러한 문제점을 해결하고, 손님의 불안을 조금이라도 빨리 해소해주고 싶어서 나는 '자주 하는 질문'에 대한 대답을 영어로 정형화하기로 했다. 내가 그동안 메일로 받았던 문의 중에서 가장 많았던 내용을 영어로 열거하고 기본적인 대답 내용을 학생이 모두 영어로 번역해주었다.

- 단골손님의 예약 문의
- 예약이 불가능한 경우의 대답
- 다른 예약일을 잡을 경우
- 다음 여행 예약을 기다리겠다는 경우
- 예약 희망일이 휴관일일 경우
- 예약이 가능한 경우의 답장
- 정식으로 예약 접수를 했을 때
- 요리 추가 희망에 관한 답장
- 인원수가 변경된 경우
- 도착 시간이 늦어질 경우
- 도착 시간이 너무 빠를 경우
- 목욕탕 이용법

《영문 답장 예문집》

[단골손님의 예약 문의]
Dear Mr/Ms

Thank you very much for choosing to stay at our Japanese Ryokan Yamashiroya.
We are glad to have your reservation request again.

Regarding vacancies on 6th April.
There are vacancies left.
The room rate is JPY 14,150 per adult, including tax.
*Please note that the rate is for "Standard Plan"
I would appreciate it if you reply on this email after you have considered your stay.

Best regards,

Kenji Ninomiya
Japanese Ryokan Yamashiroya

[예약이 불가능한 경우의 대답]
Dear Mr/Ms

Thank you very much for choosing to stay at our Japanese Ryokan Yamashiroya.
We are glad to have your reservation request again.

Regarding vacancies on 15th December.
I'm afraid we are fully booked.

A: 다른 예약일을 잡을 경우
We can offer another date / another time on the day if you are fine with it.
I would appreciate it if you reply on this email after you have considered your stay.

B: 다음 여행 예약을 기다리겠다는 경우
We are looking forward to your next reservation.

Best regards,

 Kenji Ninomiya
Japanese Ryokan Yamashiroya

[요리 추가 희망에 관한 답장]
Dear Mr/Ms

I am writing to answer your request regarding adding some extra meat.

Regarding your request
I am afraid that we cannot fulfill your request.
However, there are much dishes.
We believe that we can serve you dishes the that you will happy with.

[인원수가 변경된 경우]
Dear Mr/Ms

메일용 영문 답장 예문집

- 픽업 서비스에 대해

- 교통수단에 대해

- 숙박 감사

- 물건을 두고 간 경우

이런 정형문을 영어로 미리 준비해놓았기 때문에 그대로 복사＆붙여넣기를 해서 날짜나 이름, 경우에 따라서 미묘하게 다른 부분을 수정해서 신속하게 답장할 수 있게 되었다. 사실 가족 경영의 료칸에서는 손님이 보낸 문의 메일에 회신을 하는 데까지 걸리는 시간이 아주 중요하다. 이런 작업으로 시간을 조금이라도 단축하는 것은 손님에게 '사전 안도감'을 주는 동시에 료칸 경영자인 우리의 사무 부담을 줄여주는 일이기도 하다.

유학생들의 아이디어를 실행에 옮기다

앞에서 소개한 산학관 제휴 특정비영리활동법인 '대학 컨소시엄 오이타'는 유학생과 기업·단체를 연결하는 '엑티브넷' 운영뿐만 아니라 기업과 유학생의 교류 촉진, 지역사회와의 제휴 및 인재 육성 등 다양한 활동을 하고 있다. 그중 하나로 '솔루션형 인턴십'이 있다. 솔루션형 인턴십은 기존의 직장 체험적인 인턴십에서 한 단계 발전시킨 새로운 시도로, '기업이 낸 과제에 대한 해결책을 유학생이 연구에 연구를 거듭해 아이디어를 제안하는 과제 해결형 인턴십'이다.

야마시로야도 2014년도에 참가했다. 야마시로야의 과제는 '료칸이나 관광지 정보 시장조사와 효과적인 홍보'였다. 다시 말해 중국에서는 어떤 경로로 일본 관광지나 료칸의 정보를 입수하는가, 그리고 널리 홍보하기 위해서는 어떤 방법이 가장 효과적인가 등을 조사했다. 짧은 기간이었지만 유학생들은 진지하게 생각하고 멋진 아이디어를 제안해주었다. 중국 손님이 많이 보는 예약 사이트 소개나 오리지널 상품 개발 및 판매, 일본 차와 같은 일본 문화 체험 이벤트 개최, 오리지널 그림엽서를 활용한 애프터서비스, 일본식 우산과 색깔 있는 유카타(개량한 기모노 ― 옮긴이) 대여 등이 그들이 제안한 아이디어였다.

제안을 받고 '오리지널 그림엽서'에 바로 착수했다. 야마시로야의 오리지널 그림엽서를 프론트에 놓아두고 손님이 돌아갈 때 가족이나 친구에게 그림엽서를 보낼 수 있게 했다. 이 엽서를 우편으로 받은 사람이 '나도 이런 곳에 가고 싶다.'는 생각을 하게 하는 것이 목적이다. 손님도 작은 우월감을 가질 수 있는 것이 특색이다. 손님 대신에 야마시로야가 우체국에 엽서를 가지고 가고 우편 요금도 야마시로야가 부담한다. 사실 그림엽서를 보내는 국제우편 요금은 생각보다 싸고, 배로 보내면 전 세계 어디를 가든 한 건당 70엔이다. 적은 비용으로 확실한 홍보를 할 수 있다. 색깔 있는 유카타 무료 대여는 이미 하고 있었지만 창고에 오래 묵혀두었던 무용용 '일본식 우산'을 오랜만에 꺼내 현관 옆에 놓아두기로 했다. 아니나 다를까, 그 후 현관 앞에서 색깔 있는 유카타에 일본식 우산을 쓰고 기념사진을 찍는 외국인의 모습을 많이 볼 수 있게 되었다.

┃ 유학생의 제안을 받아들여 만든 야마시로야 오리지널 그림엽서

┃ 현관 옆에 놓아둔 일본식 우산

이러한 사진은 SNS에 널리 퍼져 '일본 정서가 느껴지는 료칸'으로 홍보가 많이 되었다.

●
**지역 고등학생들의
아이디어도 바로 채용**

인턴십은 대학생뿐만이 아니었다. 유후 시에 있는 현립 유후고등학교 학생들이 야마시로야에 직장 체험을 하러 왔다. 유후고등학교는 오이타 현 내에서 유일하게 '관광 과정'이 있는 공립 학교다. 당초 미래 관광산업을 책임질 인재로 지역 료칸에 체험학습을 하러 왔었는데 여기서도 우리는 한 걸음 더 나아간 형태의 '솔루션형 인턴십'을 역으로 제안했다. "고등학생 여러분의 눈으로 본 야마시로야의 과제는 무엇입니까?"라는 질문을 했다. 이런 질문을 받으리라고는 생각지도 못했을 것이다. 처음에는 사양하며 아무 말 안 할 것 같더니 하나씩 솔직한 감상을 이야기해주었다. 그중 하나가 목욕탕 앞에 책장과 마사지기가 있는 방을 잘 활용하지 못하는 것 같다는 이야기가 나왔다. 분명 목욕탕 앞 공간은 손님들을 위한 작은 휴식 공간이었지만 그다지 마음 편하게 쉴 수 있는 공간은 아니었다. 이른바 '죽은 공간'이었다. "뭔가 좋은 아이디어 없을까요?"라고 묻자 "아시아 외국인들은 일본 애니메이션을 좋아한다고 하던데 〈원피스〉나 〈드래곤볼〉의 영어판 만화책을 가져다놓으면 어떨까요?"라고 대답했다.

"학생, 그거 좋은 아이디어야!"

'아, 그렇구나.' 듣고 보면 별것 아닌 것 같지만 나와 같은 나이 대에서는

| '국제 관광 정보 살롱'에 놓아둔 영어판 만화책

쉽게 나올 수 없는 발상이라는 생각이 들었다. 나는 이 아이디어를 바로 채용했다. 그렇긴 하지만 '영어판 만화책'은 일반 서점에서는 거의 찾아볼 수 없었다. 인터넷으로 아마존, 야후 옥션 등을 모조리 뒤져 겨우 찾았다. 그 후 입수한 〈원피스〉나 〈드래곤볼〉 등의 영어판 만화책을 책장에 놓아두었더니 젊은 외국인 손님이 조금씩 꺼내서 읽기 시작했다. 그 중에는 몇 권씩 방에 가지고 가서 열심히 읽는 손님도 있었다. 생각은 적중했다.

이 휴식 공간을 과감히 리뉴얼하기로 했다. 저예산이긴 하지만 손님이 되도록 유용하게 사용할 수 있게 외국인용 관광 정보를 모은 '국제 관광 정보 살롱'으로 변신시켰다. 이 '국제 관광 정보 살롱'에 대해서는 뒤에서 자세히 소개하겠다.

외국인 숙박객에게 맞는
환경 만들기

**아이디어를
조금 더하다**

야마시로야는 지방에 있을 법한 '그냥 작고 오래된 료칸'이다. 이런 료칸은 전국에 수도 없이 많을 것 같은데, 아마도 대부분 다음과 같은 특징을 가지고 있을 것이다.

· 건물이나 목욕탕이 작다.

· 종업원이 고령이고 일손이 부족하다.

· 건물이 오래되고 화려하지 않다.

· 객실 수가 적어서 단체 손님을 받지 못한다.

· 후계자가 부족하다.

마이너스의 대행진이라는 느낌이 든다. 이렇게 해서는 기존의 일본인 손님만을 대상으로 할 때는 확실히 불리할 수 있다. 손님은 같은 요금을 낸다면 조금이라도 더 세련되고 멋진 건물에서 사치를 부리며 시간을 보내고 싶어 한다. 그렇다고 해도 영세한 료칸은 새로운 설비 투자를 망설일 것이고, 일손 부족과 후계자 부족은 어쩔 수 없는 일이다. 나는 이런 가족 경영의 소규모 료칸이 가능한 한 '있는 그대로'의 모습으로 외국인 관광객이라는 새로운 수요를 받아들일 수 있다면 그것이 가장 좋은 영업 스타일이고, 어떤 료칸에서도 할 수 있는 일이라 생각한다. 야마시로야는 외국인 손님을 받아들일 즈음 몇 가지 환경 정비를 했다. 그러나 대규모 설비 투자나 새로운 인재 투입처럼 특별한 것은 아니었다. 바로 '있는 그대로'의 모습인 일본 료칸에 아이디어를 조금 입혔을 뿐이다.

연회장을 레스토랑으로

원래 야마시로야는 모든 식사를 방으로 가져다주었다. 지금도 주변 유노히라 온천의 료칸 대부분이 식사를 방으로 가져다준다. 예전부터 프라이버시를 중시하는 일본인 손님은 이러한 시스템을 좋아했다. 하지만 외국인 손님을 받으면서 문제가 생겼다. 바로 한국을 제외한 아시아 나라에서는 '바닥에 앉아서 먹는' 습관이 없다는 것이었다.

손님들이 느긋하고 편안하게 식사했으면 좋겠다는 마음에서 큰맘 먹고 식사를 '레스토랑' 형식으로 변경했다. '레스토랑'이라고 해도 예전부터

| 연회장에 테이블과 의자를 놓고 '레스토랑' 형식으로 바꾸었다

있던 다다미로 된 '연회장'에 저렴한 테이블과 의자를 가져다 놓았을 뿐이
다. 테이블 배치는 그날의 손님 상황(커플·가족·단체)에 따라서 바꾼다. 원
래 벽이 없는 넓은 다다미방이라 어떤 상황이라도 대응할 수 있다. 이로
인해 어느 나라 손님이 와도 '안심하고 식사'를 즐길 수 있게 되었다.

그리고 레스토랑 형식으로 변경하기 전에는 방마다 식사 진행 상황이
달라 오카미가 항상 신경 쓰며 다음 요리를 내보낼 타이밍을 살펴야 했
다. 하지만 지금은 레스토랑 전체를 한눈에 볼 수 있어 오카미가 아닌 다
른 스태프도 상황을 일목요연하게 파악할 수 있다는 장점이 생겼다. 이로
인해 스태프의 업무가 경감되었다. 예전에는 2층 방까지 계단을 오르락

내리락하며 요리를 옮겨야 했다. 그런데 레스토랑 형식으로 바꾸고 나서 그럴 필요가 없어졌고 무엇보다도 나이가 좀 있는 일본인 단골손님들이 매우 좋아했다. 손님들이 "진작 이렇게 했으면 좋았을걸."이라고 말할 정도였다. 외국인 손님을 위해 생각해낸 방법이 일본인 손님에게도 환영받게 된 것이다.

와이파이는 관내 전역에서

관광객에게 와이파이는 필수 요소다. 공항에서 포켓 와이파이를 빌리는 사람도 있지만, 그래도 역시 료칸 안에서 와이파이를 무료로 자유롭게 사용할 수 있다는 것은 손님들에게 큰 매력이다. 야마시로야는 와이파이 환경을 재빨리 정비하기로 했다. 와이파이 정비에 대한 생각을 하게 된 것도 6년 전 타이완에 갔을 때다. 당시 이미 '외국인 관광 선진국'이었던 타이완의 모든 호텔이 무료로 와이파이를 제공하고 있었다. 해외에서 음성통화는 긴급할 때 이외에는 '발신 제한', '수신 제한'을 철저하게 해놓으면 요금이 많이 나올 일이 없다. 하지만 인터넷 접속을 하기 위한 '데이터 통신'은 고액 청구의 원인이 되기도 한다. 나는 그 무렵부터 페이스북 등의 SNS를 이용했다. 모처럼 온 타이완이라 맛있는 요리 사진이나 활동 기록 사진을 많이 올렸는데 무료 와이파이라 다행이라는 생각이 들었다. 이런 경험을 통해 외국인 입장에서는 역시 무료 와이파이가 필요하겠다는 생각을 하게 되었다.

귀국 후 나는 무료 와이파이를 설치했는데, 예산이 부족해서 료칸 일부에서만 수신이 가능했다. 하지만 오이타 현의 '외국인 관광객 관광산업 기반 정비사업'의 일환으로 보조금을 받을 수 있었고, 지금은 전 객실은 물론이고 관내 전역에서 수신할 수 있게 됐다. 관내 전역이라고 해도 건물이 작아서 액세스 포인트 6개로 충분했다. 게다가 보조금을 받았기 때문에 자기부담금은 냈다고 하기에도 미안할 정도였다. 큰 호텔이나 료칸이 이런 설비를 하려면 액세스 포인트가 상당히 많이 필요하다. 보조금을 받는다고 해도 자기가 부담해야 하는 비용이 많을 것이다. 이것도 소규모 료칸의 장점이리 할 수 있다.

● **'국제 관광 정보 살롱'을 만들다**

외국인 손님 중에는 대중교통을 이용하는 손님도 있지만, 렌터카를 이용하는 손님도 있다. 일본인인 경우에는 미리 관광하고 싶은 곳을 몇 군데 정해서 일정을 짜서 오지만, 외국인 손님 중에는 현지에 도착해서 다음은 어디로 갈지를 생각하는 사람도 적지 않다. 장기간 일본에 머무는 사람일수록 이런 경향이 있다. 그래서 야마시로야는 오이타 현 내 주요 관광지의 팸플릿, 그것도 다언어판을 가능한 한 많이 모아 목욕탕 앞 휴식 공간에 비치하기로 했다. 이것이 바로 앞에서 이야기했던 '국제 관광 정보 살롱'이다. 오이타 현 각지의 관광협회나 관광안내소에 직접 가서 받은 팸플릿, 페이스북이나 손편지로 요청해서 우편으로 받은 팸플릿 등 모두 무료로 조달했다. 같은 오이타 현이라도 다른 관광지의 팸플릿을 보면 일본인인 우리에게도 매력적인 정보가 많다는 사실을 새삼 깨닫게 된다.

예를 들어 오이타 현 남부 사이키 시의 팸플릿에는 해산물 정보가 가득 실려 있다. 사진을 보면서 '굴 맛있겠다. 여기로 가야지.' 하는 생각이 들면 그 장소의 전화번호를 렌터카 내비게이션에 넣기만 하면 바로 갈 수 있다. 실제로 싱가포르 손님이 했던 행동이다. 손님들에게 유익한 정보는 아주 큰 기쁨이 되고, 무엇보다도 '야마시로야 료칸에 가면 그 지역에 관한 많은 정보를 얻을 수 있다.'는 후기는 야마시로야의 아주 큰 장점이 된다. 원래 있던 휴식 공간에 무료로 받은 팸플릿을 가져다놓았을 뿐인 '국제 관광 정보 살롱'이지만 외국인 숙박객에게 좋은 평가를 받고 있다.

| 다양한 언어로 된 관광 팸플릿(무료)을 모아놓았다

열차를 타고 내리는 법을 동영상으로 설명

외국에서 온 손님을 많이 받으면 여러 가지 문화의 차이를 실감한다. 일본인에게는 당연한 것이지만 외국인이 보기에는 좀처럼 이해가 되지 않는 경우도 있다. 예를 들어 유노히라를 방문하는 손님의 대부분은 후쿠오카에서 특급열차를 타고 유후인 역까지 온다. 그리고 유후인 역에서 보통 열차로 갈아타고 두 번째 역인 유노히라 역에서 내린다. 료칸에서는 유노히라 역까지 마중나가는데 여기서 문제가 발생한다.

유노히라 역은 무인역이다. 그리고 유노히라 역에 정치히는 열차는 2량 편성의 '원맨카'다. 운전사만 있고 차장이 없기 때문에 역에 정차해도 1량의 문밖에 열리지 않는다. 운전사가 승하차하는 손님을 확인해야 하기 때문에 1량의 제일 앞에 있는 문으로 내려야 한다. 그런데 거의 대부분의 외국인 손님이 2량의 문 앞에 서서 내리려고 기다린다. 그리고 열려야 할 문이 열리지 않아 못 내린다. 그 결과 다음 역인 쇼나이 역까지 갔다가 당황하며 되돌아오는 열차를 타게 된다. 농담이 아니라 이런 일이 자주 있다.

차내에서는 일본어와 영어로 "앞 차량의 첫 번째 문으로 내려주세요."라는 안내 방송을 한다. 하지만 역에 도착하면 문은 열린다는 고정관념이 있어서인지 안내 방송이 거의 귀에 안 들어오는 상황이다. 야마시로야에서 나온 사람은 열차가 정차하면 우선 1량 열차 안을 살핀다. 거기에 손님이 없으면 바로 2량 열차로 뛰어가 문 앞에 가만히 서 있는 손님에게 '이쪽! 이쪽!'이라고 손짓해 1량 열차로 유도한다. 손님은 멍하게 서서 이상

| 유노히라 역에 도착한 열차. 1량의 문만 열린다

운전수에게 표를 건넵니다

| 열차를 타고 내리는 법 '하우 투 비디오'의 한 화면(한국어판)

하다는 듯이 이쪽을 보다가 금방 사태를 파악하고 서둘러 앞 차량으로 이동한다. 나는 매일 매번 이런 행동을 하고 있다. 내가 역에 갈 수 있을 때는 괜찮지만 택시를 불러 마중을 할 때는 이런 안내를 기대할 수 없다. 그래서 이 독특한 승하차 방법을 동영상으로 설명하자는 생각이 들었다. 그것이 바로 열차를 타고 내리는 법 '하우 투 비디오How to Video'다. 유후인 역에서 탈 때 승차표를 사는 방법부터 유노히라 역에서 첫 번째 차량 제일 앞문으로 내릴 때까지를 유학생을 모델로 해서 내가 직접 촬영했다. 화면 밑에는 영어, 한국어, 중국어로 자막을 넣기로 했고 번역도 중국인과 한국인 유학생에게 부탁했다.

동영상은 유튜브에 올려놓았기 때문에 사전에 메일로 교통수단에 대해 물어보면 이 동영상의 주소를 알려주고 꼭 보고 오라고 한다. 이해하기 쉽다며 손님들에게 좋은 평가를 받고 있다.

매너 차이도 동영상으로 안내

료칸에 도착하고 나서는 '매너의 차이'로 문제가 발생한다. 나라가 다르면 당연히 매너도 다르기 때문에 몇 가지 주의가 필요하다. 료칸 사람들이 자주 푸념하는 것도 이 부분일 것이다. 하지만 미리 일본식 매너를 제대로 설명해놓기만 하면 아무 문제가 없다. 모르기 때문에 실수하는 것이다. 야마시로야에서는 매너에 대해서도 동영상으로 설명하고 있다(오른쪽 사진 참조).

| 목욕탕에 들어가는 법(목욕 수건 사용법)

| 화장실 휴지 사용법

| 유카타 입는 법

| 슬리퍼를 벗어두는 곳

　일본인에게는 너무나도 당연한 '탕에 들어가는 법', '목욕 수건 사용법' 등도 샤워가 생활 습관인 외국인에게는 다를 수 있다. '왜 외국인은……' 이라고 푸념하기 전에 료칸 측에서 제대로 설명하는 것이 중요하다. 이 동영상은 객실 TV로도 볼 수 있다. 예전에는 시중에서 판매하는 예의범절 매뉴얼을 테이블에 올려두었는데, 역시 동영상으로 보는 편이 훨씬 이해하기 쉬운 것 같다(이 시스템에 대해서는 4장에서 자세히 소개하겠다). 이런 문화의 차이를 정중하게 설명하는 것으로 외국인 손님에게 '안도감'을 제공할 수 있다.

나라 특색에 맞춘 서비스

야마시로야에 숙박하는 외국인을 지역별로 살펴보면 아시아에서 온 손님이 많은데, 같은 아시아인이라고 해도 나라에 따라서 생활 습관이 다르다는 것을 알 수 있다. 예를 들어 객실 냉난방 온도 조절을 보자. 한국 손님은 대체로 여름에는 아주 시원하게, 겨울에는 아주 따뜻하게 하는 것을 좋아한다. 그리고 거의 1년 내내 '시원한 물'을 즐겨 마시는 경향이 있다. 반면 홍콩, 타이완, 중국 손님은 전체적으로 '시원한 물'을 좋아하지 않는다. '차'나 '따뜻한 물'을 좋아한다. 객실도 극단적인 온도 차를 피하는 경향이 있다. 그리고 '미소된장국'은 아시아 손님 거의 대부분이 남기지 않고 먹는데, 한국 손님에게는 꼭 숟가락을

| 레스토랑 입구에서 '네임카드'를 슬리퍼 위에 올려둔다

같이 내보내야 한다. 숟가락으로 먹기 때문이다. 이런 나라별 경향도 오랜 경험을 통해 알게 된 것이지만 미리 알아두면 좋은 지식이라고 생각한다. 손님에게는 '자기 집처럼 편하게 지낼 수 있는 것'이 무엇보다 좋은 대접이기 때문이다.

식사 시간에는 레스토랑 입구에 많은 슬리퍼가 늘어서 있다. 그냥 두면 왔다 갔다 하는 통에 다 흐트러져버려 어떤 슬리퍼가 내가 신었던 슬리퍼인지 모르게 된다. 그래서 손님이 처음에 슬리퍼를 벗고 들어갔을 때 오카미가 손님의 이름을 직접 쓴 '네임 카드'를 슬리퍼 위에 올려둔다. 식사를 마친 후 네임 카드를 보고 자기 슬리퍼를 찾아 신을 수 있기 때문에 외국인 손님들이 너무 좋아한다. 아무것도 아닌 사소한 것이지만 이런 세심한 서비스도 손님에게 '체류 중 편안함'을 느끼게 하는 하나의 요인일 것이다.

RYOKAN STORY 3

친밀한 커뮤니케이션으로
안심하게

**내일 일정부터
확인하라**

야마시로야의 객실은 전부 7개밖에 없다. 다시 말해

하루 최대 일곱 팀밖에 손님을 받을 수 없다. 하지만

이를 역으로 생각하면 최대 일곱 팀이기 때문에 모든 손님에게 세심하게

대응할 수 있다. 체크인 시간인 오후 3시에서 6시 사이에 유노히라 역까

지 손님 마중을 나가는데, 대체로 내가 나간다. 손님을 차에 태우고 유노

히라 역에서 야마시로야까지 오는 데 걸리는 시간은 7분 정도다. 가뜩이

나 한적한 산속 무인역에서 더 깊은 산속으로 이어지는 언덕길을 계속 올

라간다. 처음 방문하는 손님은 정말 이 깊은 곳에 온천지가 있을까 싶을

정도로 외지다. 낮에도 사람이 별로 다니지 않는 한적한 곳인데 밤에는

가로등도 없기 때문에 걱정은 한층 더해진다. 나는 운전을 하면서 영어로

필요한 최소한의 대화는 하지만 7분 동안 세상 이야기를 할 정도로 달변가는 아니다. 그래서 오로지 운전만 열심히 한다.

7분이 걸려서 드디어 도착한 료칸 현관에서 손님이 오기를 기다리고 있는 사람은 야마시로야의 오카미다. 내 아내이긴 하지만 처음 만난 사람도 마치 10년 지기를 만난 것처럼 대해서 손님의 불안을 확 누그러트리는 능력을 가진 사람이다. 어떤 의미에서는 타고났다고 할 수 있다. 낯설고 불안했던 손님의 마음을 한 번에 확 사로잡는 것이다. 접수를 하기 위해 손님을 현관 앞 소파에 앉힌 뒤 오카미가 제일 먼저 묻는 것이 있다. 바로 손님의 내일 일정이다.

| 접수 후, 다음 날 일정을 묻고 도와준다

"내일은 몇 시 열차를 타세요?", "유후인 관광은 다 하셨어요?" 등의 질문을 한다. 그리고 대답 내용에 따라 체크아웃 시간부터 조식 시간까지 역으로 계산해 손님 대신 일정을 짜주는 것이다.

"12시 9분에 유후인 역에서 출발하는 열차를 탈 거예요. 관광은 아직 안 했어요."라고 하는 경우, "그럼 관광을 2시간 정도 하려면 10시쯤에 유후인 역에 도착하면 되겠네요. 그러려면 유노히라 역에서 9시 50분 열차를 타면 돼요. 그러기 위해서는 저희 료칸에서 9시 30분에 출발하고, 조식은 8시 30분에 드시면 됩니다."라고 알려준다.

그리고 손님이 잊어버리지 않도록 각각의 시간을 적은 메모를 건넨다. 이렇게까지 하면 더 이상 내일 걱정은 할 필요가 없다. 그다음은 야마시로야에서 느긋하게 지내면 된다. 2016년 니혼 TV의 〈슷키리〉라는 아침 정보 버라이어티 방송에서 야마시로야의 모습을 소개했다. 그중에 손님이 오카미에 대해 인터뷰한 내용이 있었는데 "오카미 상은 엄마 같아요."라고 했다. 〈슷키리〉의 사회자인 카토 코지加藤浩次 씨도 외국인 손님의 말을 인용해 "맞는 말이네요. 오카미 상은 엄마입니다."라고 했다.

언어 능력이 아니라 소통 능력이 중요하다

다른 료칸에서 "야마시로야의 오카미 상은 영어를 잘 해서 좋겠어요."라는 말을 자주 한다. 확실히 아내는 일상 영어회화는 보통 일본인치고 잘하는 편이다. 대학도 영문과를 졸업했다. 하지만 대학을 졸업하고 거의 20년간 영어를 쓸 기회가 없었다. 그러다가 약 8년 전부터 외국인 손님이 자주 오게 되면서 다시 영어 교재를 구입해 독학으로 실력을 향상시켰다. 지금도 매일 밤 이불 안에서 잠들기 전까지 헤드폰을 끼고 공부를 한다.

아내의 지금 모습은 노력의 결과라 할 수 있다. 물론 오카미라는 일은 단순히 영어회화를 할 수 있다고 해서 할 수 있는 일은 아니다. 내가 가까이에서 지켜보며 느낀 것은 어학 실력보다 중요한 것은 '사람과의 커뮤니케이션 능력'이었다. 사람은 열이면 열 다 다르기 때문에 한 사람 한 사람에게 맞게 대할 수 있도록 신경 써야 한다. 아무리 정확한 문법과 예쁜 발음으로 말해도 그것이 상대에게 전해지지 않으면 아무 의미가 없다.

야마시로야에 오는 아시아 손님은 대개 영어를 한다. 하지만 손님 중에는 일반적인 일본인과 마찬가지로 모국어밖에 못 하는 사람도 있다. 그리고 영어를 한다고 해도 미묘한 발음 차이로 서로 알아듣지 못하는 경우가 있다. 야마시로야의 오카미는 한 사람 한 사람의 어학 실력에 맞춘 독특한 방식으로 커뮤니케이션을 하고 있다. 한국 손님에게는 영어와 한국어 단어를 섞어서 이야기하기도 한다. 그러면 영어로 다 이야기하는 것보다 정확하게 전해진다. 예를 들어 야마시로야에서는 목욕 수건을 한 사람당 한 장만 준다. 큰 호텔이나 료칸에서는 여러 장을 써도 된다고 하는 곳도 있겠지만, 야마시로야에서는 한 번 쓴 목욕 수건은 방에서 말려 재사용하도록 하고 있다. 그래도 더 필요한 경우에는 한 장에 100엔을 받고 빌려주고 있다. 여기서 "타월을 말려주세요."라고 할 때 '주세요'라는 부분은 한국어로 '(동사)+주세요'라고 한다. 만약 '말리다'라는 한국어 단어를 모르더라도 영어의 '드라이dry'라는 단어를 알고 있으면 "드라이 주세요."라고 한다. 이걸로도 충분히 의미를 전달할 수 있다.

이런 대화를 옆에서 듣고 있으면 문법에 맞지 않아 물음표가 떠오른다. 그런데도 대화는 통한다(참고로 여기서 상대 손님을 '풉'하고 웃게 하는 것이 매우 중요하다). 이 방식은 아내가 누구에게 배운 것이 아니라 매일 똑같은 일을 반복하면서 저절로 몸에 익힌 것이다. 흔히 저지르는 실수가 '우선 어학 공부를 하고 그다음에 외국인 손님을 받자.'라는 생각이다. 그러면서 좀처럼 그 한 빌을 내딛지 못하는 것이다. 옛말에도 있듯이 배우기보다는 스스로 익혀야 하지 않을까?

● 개인의 매력을 갈고닦다　야마시로야에 묵었던 아시아 손님이 귀국 후 블로그나 SNS에 오카미에 대한 이야기를 종종 올린다. 그 글을 보고 야마시로야에 오는 손님도 많다. 한국 손님이 "오카미 상은 한국 인터넷에서 유명해요."라는 말을 자주 했는데, 최근에는 중국 손님도 "오카미 상은 중국 인터넷에서 유명해요."라는 말을 하게 되었다. 또 '오카미 상은 4개국어를 할 수 있다.'는 과대 정보가 퍼지기도 한다. 아직 4개 국어는 하지 못하지만 어느 나라 사람과도 비교적 커뮤니케이션이 잘 되는 것은 사실이다. 그 후 이런 평가가 인터넷상에 확산되어 호기심으로 야마시로야를 방문하는 손님이 늘었다. 다시 말해 여행의 목적이 유노히라라는 '장소'가 아니라 야마시로야라는 '숙소', 오카미라는 '사람'이 된 것이다.

예전에는 지역적 매력이 없으면 숙박 시설에도 사람이 오지 않는 것이 상식이었지만, 지금은 '숙박 시설'이나 '사람'을 목적으로 여행할 수 있는 시대가 되었다. 이는 인터넷에 의한 개인의 정보 발신이 숙박 시설의 집객력에 상당히 큰 영향을 미치는 시대가 되었다는 것을 의미한다. 바꿔 말하면 어떤 지역이라도, 어떤 숙박 시설이라도 '개인'이 매력을 갈고닦으면 지금 이상의 집객을 할 수 있다는 말이 아닐까? 그리고 매력 있는 '개인'이라는 '점'이 많이 모여 그것이 '선'으로 이어지고, 많은 선이 '면'이 되어 넓어지면 머지않아 지역 전체의 활성화에 이바지하게 되지 않을까?

외국인 손님은 다시 올 확률이 높다

앞에서도 이야기했듯이 약 10년 전까지는 노인 단체나 20대 젊은 커플이 손님의 대부분이었다. 그러다 언젠가부터 점점 고령 손님의 수는 줄어들었고 젊은 커플 손님은 온다고 해도 주말이나 공휴일에 몰려 평일의 가동률이 낮았다. 그러던 중 점점 한국 젊은 커플 손님이 많아졌다. 처음에는 주로 주말에 왔는데 언젠가부터 평일에도 오기 시작했다. 그 후 한 번 왔던 남녀 중 한 사람이 부모님과 함께 다시 왔다. 그다음에는 친구와 함께 오거나 단체에서 왔다. 이런 식으로 같은 손님이 아마시로야를 몇 번이나 찾아주고 있다. 그중에는 1년에 네 번이나 온 손님도 있다. 일본에 살고 있다면 잠깐 들른다는 느낌으로 이해할 수 있지만, 바다 건너 옆 나라에서 몇 번이나 와주고 있으니 놀랍고 감사할 따름이다.

최근에는 홍콩 손님에게서 이런 패턴이 보이고 있다. 홍콩의 인구는 약 730만 명으로 많지는 않지만 홍콩에서 방일한 다섯 명 중 한 명이 열 번 이상 일본을 찾았다는 통계가 나타내듯이 이미 '성숙'한 시장이다. 이런 손님을 확실하게 붙잡아 미래의 단골손님으로 만드는 노력이 필요하다. 이를 위해서는 '외국인이니까 이제 다시는 안 오겠지.'라는 잘못된 선입관을 버리고 반드시 다시 올 것이라는 마음으로 성의를 다해야 한다. 이것은 야마시로야의 손님에게만 해당되는 이야기는 아니다. 유노히라 온천에 와준 모든 손님에게 이런 마음을 가져야 한다.

'여기에 오기를 잘했다'는 생각을 하게 하려면

야마시로야는 가장 가까운 역인 유노히라 역까지 4킬로미터 정도 떨어져 있기 때문에 차로 이동해야 한다. 예전에는 기차 도착 시각에 바로 연결되는 노선버스도 있었지만 지금은 노선버스도 폐지되었고 역 앞에는 택시가 한 대 있을까 말까 한 상태다. 나는 거의 매일 유노히라 역에 픽업을 하러 가는데 역에 도착해 손님을 차에 태우고 나서 꼭 역 안을 한 번 더 둘러보고 있다. 혹시 연락 없이 야마시로야에 오는 손님이나 다른 료칸의 손님이 남아 있을까 봐 신경 쓰이기 때문이다. 만약 이런 손님이 있다면 다른 료칸의 손님이라도 그 료칸에 전화를 걸어 마중을 나오라고 하기도 하고 택시를 불러주기도 한다. 이것은 야마시로야에서만 하는 일이 아니라 유노히라의 다른 료칸에서도 하는 일이다.

작은 온천지이기 때문에 서로 협력해서 돕는 것이 서로를 위한 일이다. 가까운 료칸의 손님이라면 같이 가자고 태우기도 한다. 야마시로야의 손님이 사정이 있어서 약속 시간에 도착하지 못하는 경우에는 다른 료칸의 손님만 대신 태우기도 한다. 다음 날 돌아갈 때도 마찬가지다. 원래 료칸의 일은 역까지 손님을 무사히 배웅하면 거기서 끝나는 것일지도 모른다. 하지만 유노히라 역은 무인역이다. 탑승권 자동발매기도 없다. 게다가 관광지인 유후인에 가려면 선로를 건너는 '과선교'로 올라가서 반대편 홈으로 가야 한다. 여기서 외국인 손님이 당황해하는 모습이 보이기 때문에 승차 방법을 가능한 한 정중하게 설명하려고 신경 쓰고 있다. 차에서 내려 "그럼, 안녕히 가세요."라고 할 수는 없는 것이다. "여기는 무인역이라 표를 사지 않아도 되지만 열차 안에 있는 발권기에서 탑승권을 뽑으세요. 탑승권을 뽑는 발권기는 첫 번째 차량 제일 뒷문에 있습니다. 유후인 역에 도착하면 탑승권을 역무원에게 주고 요금을 지불하세요."라고 한다. 역사 안에는 이런 내용을 영어와 일본어로 쓴 설명문이 붙어 있지만 손님 눈에 보이지 않는 경우도 있다. 내가 외국인 손님에게 설명하고 있으면 가까이에 있는 일본인 손님이 '아, 그렇구나' 하며 처음 알았다는 반응을 보이기도 한다. 일본인도 이런데 외국인은 오죽할까? 영어로 설명하지만 매일 매번 똑같은 설명을 하기 때문에 완전히 익숙해졌다. 설명을 들은 손님 대부분이 이해하고 안심하며 돌아간다.

또 무거운 캐리어를 든 여성 손님이나 나이가 있으신 손님의 경우 반대편 홈까지 짐을 들어준다. 체력적으로 언제까지 할 수 있을지는 모르겠지만 할 수 있을 때까지는 이렇게 하고 싶다. 손님이 '역시 여기에 오기를 잘 했다.'라고 생각하는지 '두 번 다시는 안 온다.'라고 생각하는지가 나중에 다시 올 확률에 많은 영향을 끼치기 때문이다.

●
환영받고 있다는
안도감

외국인 손님이 많으면 마음고생이 심할 것 같다는 말을 간혹 듣는다. 하지만 되돌아보면 솔직히 지금까지 그렇게 큰 문제는 없었다. 오히려 서로가 커뮤니케이션을 하려고 노력하기 때문에 훨씬 깊은 관계로 이어지는 경우가 많은 것 같다. 예를 들어 저녁식사 후 '정말 맛있었어요.'라는 표현을 외국인은 말뿐만 아니라 손짓 몸짓으로 많이 해준다. 요리장인 큰오카미에게 감사 인사를 하겠다며 부엌까지 가서 악수를 하고 함께 기념촬영까지 하는 경우도 많이 봤다. 말의 세세한 뉘앙스는 통하지 않아도 마음과 마음이 서로 통하는 기쁜 순간이다.

나이가 지긋한 야마시로야의 스태프도 예전에는 외국인 손님이라는 이유로 긴장하는 듯 했지만 "용기 내 영어로 말을 걸어보니 말이 통했어요."라며 기뻐하는 모습을 볼 수 있게 됐다. 우리도 처음에는 어떻게 대해야 할지 몰라 당황했다. 하지만 익숙해지면 외국인도 똑같은 인간이다. 게다가 료칸 안에서의 대화는 한정되어 있기 때문에 서로 '하고 싶은 말이 뭔지', '어떤 대답을 원하는지'가 어느 정도 상상이 간다. 서로가 열심히 이해하려고 노력하기 때문에 놀랍게도 그다음은 아는 단어를 늘어놓기만 해도 대화가 통한다.

어느 나라 손님이라도 '성의를 가지고 대하는 것'이 가장 중요하다. 그런데 거기서 한 걸음 더 나아가 외국인 손님을 대할 때는 적극적으로 커뮤니케이션을 하려는 '태도'가 특히 필요하다. 이런 태도가 상대에게 전해졌을 때 '환영받고 있다는 안도감'을 느끼게 되는 것이다.

RYOKAN STORY

CHAPTER 3

보다 나은 서비스를 위한
주2일 휴무제 도입

개점 휴업인 나날에서
연일 만실 상태로

민박을 하기 전에
료칸의 가동률부터

일본료칸협회가 정한 객실 수별 료칸의 정의는

다음과 같다.

- 대료칸＝100실 이상

- 중료칸＝31실 이상 99실 이하

- 소료칸＝30실 이하

후생노동성이 2014년 9월에 조사 결과를 정리한 「료칸업의 실태와 경

영 개선 방책」에 따르면 전국 객실 수 보유 상황별 시설 총합계의 구성 비

율에서 6~9실이 12.6퍼센트로 가장 높고, 소규모에 해당하는 29실 이하

의 합계는 56.6퍼센트로 전체의 과반수를 차지한다. 료칸 야마시로야가 있는 오이타 현에는 중소 규모 료칸이 많고 특히 유후인의 료칸은 아담한 소규모 료칸이 대부분이다. 나는 트립어드바이저에 등록된 유후인 전체 료칸(140개)의 객실 수를 더 세분화해서 독자적으로 분석해보았다. 그랬더니 10실 이하인 료칸이 60.77퍼센트로 전체의 과반수를 차지한다는 사실을 알게 되었다.

　이는 야마시로야와 거의 같은 규모인 소규모 료칸의 경영 상황이 유후인 전체의 경기 동향을 파악하는 데 아주 중요한 부분을 차지한다는 것을 의미한다.

　호텔·료칸의 경영을 나타내는 지표에 '객실 가동률'과 '정원 가동률'이 있다. '객실 가동률'은 전체 객실 중 실제로 고객이 이용한 객실 수의 비율

도표 3-1 유후인에 있는 료칸의 객실 수별 비율

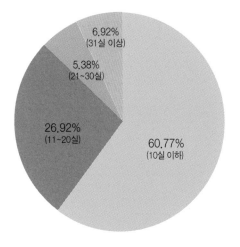

6.92%
(31실 이상)

5.38%
(21~30실)

26.92%
(11~20실)

60.77%
(10실 이하)

을 나타내고, '정원 가동률'은 총 수용 인원에 대한 실제 숙박인 수의 비율을 나타낸다. 예를 들어 전체 객실이 10개 있고 이를 모두 이용하고 있는 경우의 '객실 가동률'은 100퍼센트이지만, 정원이 스무 명인데 열두 명이 이용하고 있는 경우의 '정원 가동률'은 60퍼센트다. '객실 가동률'이 똑같이 100퍼센트라도 최대 다섯 명 수용 가능한 방을 다섯 명이 이용하는 경우와 세 명이 이용하는 경우에 '정원 가동률'은 크게 달라진다.

관광청이 발표한 「숙박여행통계조사」 2016년도 보고서에 따르면 객실 가동률은 숙박 시설 전체에서 2011년이 51.8퍼센트, 2015년이 60.5퍼센트로 방일 외국인 관광객의 증가와 함께 가동률이 올라가고 있다. 유형별로 2011년과 2015년의 수치를 보도록 하자.

- 시티 호텔 ············ 67.1% ─────→ 79.9%
- 비즈니스 호텔 ····· 62.3% ─────→ 75.1%
- 리조트 호텔 ········ 46.8% ─────→ 57.3%
- 료칸 ···················· 34.7% ─────→ 37.8%

료칸 이외의 유형은 5년간 거의 10퍼센트 가량 상승했는데 료칸은 겨우 3퍼센트 상승했다. 가동률이 40퍼센트도 되지 않는다. 가동률이 낮을 뿐만 아니라 5년간 증가율도 가장 낮다. 게다가 동조사의 '도도부현별·숙박 시설유형별 객실 가동률'을 보면 가장 높은 가동률은 오사카부의 '리조트 호텔'로 91.4퍼센트인데 료칸에서는 도쿄도가 61.5퍼센트에 머물렀다.

야마시로야가 있는 오이타 현의 료칸은 38.2퍼센트로 전국 평균을 조금 상회하는 상황이다. 최근 도쿄, 오사카, 후쿠오카 등 대도시권에서는 호텔 예약을 하기가 힘들다. 그래서 앞으로 외국인 관광객 유치를 추진하기 위해 맨션을 지어 한 채를 통으로 민박을 하겠다는 움직임이 나타나고 있다. 하지만 전국적으로 불균형이 심하고 특히 료칸은 아직 가동률에 여유가 있는 상황이다.

야마시로야의 객실 가동률은 100퍼센트

여기서 야마시로야의 2016년도 객실 가동률과 정원 가동률의 월별 추이를 보도록 하자(110쪽 **도표 3-2** 참조). 알고 있겠지만 2016년 4월 구마모토 현과 오이타 현에 최대 진도 7의 큰 지진이 발생했다. 야마시로야는 건물 등의 실질적인 피해는 적었지만 4월부터 7월까지 뜬소문의 피해를 입어 예약 취소가 잇따랐다. 매일매일 예약장이 텅텅 비어 무척 힘든 시기였다. 하지만 그 후 생각보다 회복이 빨라 2016년 12월의 객실 가동률은 93.2퍼센트, 정원 가동률은 77.0퍼센트였다. 그 이유에 대해서는 4장에서 자세히 설명하겠다. 연간 평균은 재해의 영향을 받은 4월에서 7월까지를 빼고 계산하면 객실 가동률 92.6퍼센트, 정원 가동률 75.0퍼센트가 된다. 2017년도는 객실 가동률이 거의 100퍼센트가 되었다. 그리고 약 80퍼센트를 외국인 손님이 차지하고 있다. 덕분에 연일 만실인 상태가 이어지고 있지만 야마시로야도 예전에는 '휴무가 아닌데도 휴무'라고 하는 개점휴업인 날이 계

2016년도 야마시로야의 가동률 추이

월	정원 가동률(%)	객실 가동률(%)
1	79.5	93.2
2	82.9	100.0
3	80.5	96.8
4	34.1	59.7
5	37.4	44.0
6	42.5	49.4
7	54.8	64.3
8	72.5	89.6
9	69.8	86.9
10	69.2	89.7
11	68.5	91.3
12	77.0	93.2
연간 평균	64.0	79.8
재해 제외	75.0	92.6

속되는 시기가 있었다. 하지만 외국인 손님을 적극적으로 받아들이기로 방침을 전환하고부터는 불황을 모른다고 할 정로도 집객을 할 수 있게 되었다.

●
**'1박 2식'을 계속
고집하다**

방일 외국인의 특징으로 리드타임(예약일부터 실제 숙박일까지의 시간)이 길다는 이야기를 앞에서 했다. 일본 관광청이 발표한 2016년도 연차보고서에서 숙박 예약 시기는 1~2개월 전이 45.2퍼센트로 가장 많았고, 그다음이 3개월 이상 전으로 15.1퍼센트였다. 일본에서 먼 나라일수록 리드타임이 긴 경향이 강하고 오스트레일리아에서는 3개월 이상 전 수속이 전체의 66.0퍼센트로 과반수를 차지한다. 야마시로야의 경우 인터넷 예약이 1년 전부터 가능하기 때문에 상당히 이른 시기에 예약이 다 차버린다.

평균 숙박 수를 보면 관광·레저 목적의 경우 평균 6박이다. 아시아에서는 싱가포르가 평균 8박으로 가장 길고, 프랑스는 평균 14.7박이라 놀랄 정도였다. 일본인에 비해 2박 이상의 연박을 예약하는 비율이 높은 것도 방일 외국인의 큰 특징이다. 료칸에서는 한 번 예약으로 2~3박을 할 수 있기 때문에 객실 가동률은 더욱더 높아진다. 하지만 일반적으로 1박 2식 포함이 기본인 료칸은 연박하는 손님에게 매번 다른 요리를 내야 한다는 부담 때문에 기껏해야 3박이 한계라는 현실적인 문제도 있다. 식사 없이 숙박만 한다면 연박 손님을 더 받을 수 있겠지만 야마시로야는 1박 2식을 고집하고 있다. 야마시로야가 후기 평가에서 좋은 평가를 받는 이유는 대부분 '요리' 때문이다. 이 평가가 없어지면 설비나 지리적 이점이 떨어지기 때문에 전체적인 평가가 낮아질 것이다.

료칸에 따라서 숙박만 가능하다는 점을 내세우는 곳도 있다. 하지만 나는 호텔과 차별화하기 위해서라도 료칸은 1박 2식을 계속 고집해야 한다고 생각한다. "요리와 온천과 잠자리에 만족한다면 손님은 반드시 다시 찾는다." 이것은 큰오카미가 선대에게 물려받고, 우리가 다음 세대에게 확실히 물려줘야 하는 료칸의 철칙이다.

●
세계인을 잠재적
고객으로

관광청 연차보고서에는 방일 외국인의 동행자에 관한 조사 결과도 있다. 전체 국적·지역(전체 목적)에서 가장 많은 형태가 '가족·친척'이고, 이 비율이 아시아에서 가장 높은 곳은 '홍콩'으로 40.9퍼센트를 차지하고 있다. 실제로 야마시로야에 숙박하는 홍콩 손님 대부분이 가족 동반이라 인원수가 많고, 이동 수단도 원박스카one box car(엔진, 차실, 트렁크가 하나의 상자형에 들어간 차량. 주로 6~15인승이 가능한 다인승 차량 ─ 옮긴이) 렌트 등을 많이 한다. 이 경향은 '정원 가동률'에 큰 영향을 미친다.

앞에서 이야기했듯이 료칸의 객실은 최대 5인까지 수용 가능한 방을 다섯 명이 이용하는 경우와 세 명이 이용하는 경우에 '정원 가동률'이 크게 달라진다. 가족은 가능한 같은 방에서 묵고 싶어 하기 때문에 당연히 큰 방부터 예약이 찬다. 일본인 커플 손님이 대부분을 차지하던 시절에는 요금이 저렴한 작은 방부터 예약이 찼는데, 지금은 큰 방의 수요가 높은 경향이다. 그리고 예전에 야마시로야에서 가장 요금이 비싼 데 비해 가동률이 낮았던 화양실(베드룸과 다이닝룸, 다다미방의 커넥팅 룸)도 지금은 가족용 방으로 요긴하게 쓰이고 있다.

이렇게 외국인 대응을 적극적으로 하고부터는 객실 가동률과 정원 가동률이 비약적으로 향상되었다. 했던 말을 또 해서 미안하지만, 야마시로야는 특별한 시설 투자를 한 것도 아니고 새로운 인재를 투입한 것도 아니다. 건물도, 요리도, 접객하는 사람도 아무것도 바뀌지 않았다. 유일하게 바뀐 것은 손님의 대상 범위를 적극적으로 국내에서 해외로 넓힌 것이다. 인터넷이 발달한 지금, 어떤 료칸에서도 실현 가능한 일이다.

외국인 관광객 대응으로 일하는 방식이 바뀌다

앞에서 유후인의 료칸 60퍼센트 정도가 야마시로야처럼 객실 수 10개 이하의 소규모 료칸이라는 이야기를 했다. 전국적으로 지역 차는 어느 정도 있겠지만 소규모 료칸이 지역 전체에서 차지하는 비율은 결코 적지 않다. '도도부현별·숙박 시설 유형별 객실 가동률'에서 봤듯이 현재 전국적으로 료칸의 가동률은 낮고, 일본 료칸 전체 객실의 절반 이상이 잠자고 있는 상태다. 여기에 숙박 시설 측 의식에 관한 조사보고 「외국인 관광객 수용을 위한 대처 실시 상황」이 있다. 이 조사에 따르면 외국인 관광객을 수용하기 위한 대응은 다음과 같다.

- 현재 어떤 대처를 하고 있다. ····························· 17.6%
- 필요성을 느끼지만 하지 않고 있다. ················· 32.8%
- 필요성을 느끼지 않아 하지 않고 있다. ············· 49.6%

이렇게 '대처하지 않고 있다.'의 합계가 전체의 80퍼센트를 조금 넘는다.

이 보고는 2013년의 조사에 입각해 작성한 것이라 그 후 조금 개선이 되었으리라는 생각이 들지만, 내가 느끼기에는 그렇게 큰 변화는 없다. 너무나도 안타까운 일이다. 최근 다방면에서 강연해달라는 이야기가 많아졌다. 그래서 '외국인 관광 수용'에 관한 내용으로 강연을 하는데, 실제로 강연을 들은 동업자들이 필요성을 얼마나 느끼는지는 잘 모르겠다. 강연이 끝난 후 열리는 워크숍에서 앞으로의 포부를 물으면 "설비 투자를 해서 숙박 단가를 올리도록 노력하겠다.", "일단 홈페이지를 만들겠다.", "괜찮은 이벤트를 기획해 더 많은 손님을 모으도록 하겠다."라는 대답은 하지만 '외국인 관광객 수용'에 관한 확실한 목표를 이야기하는 사람은 별로 없다. 그래도 최근에는 주변에 있는 료칸에서 직접 "이야기 좀 해주시겠어요?"라고 할 때가 있다. 이럴 때는 기쁜 마음으로 이야기해준다. 역시 적극적인 료칸일수록 위기의식이 강하고 어떻게든 지금의 상황을 바꾸기 위해 필사적으로 노력하는 것 같다. 이런 생각은 머지않아 결과로 나타나고 서서히 다른 료칸과의 확실한 차이를 만들어낼 것이다.

앞으로 일본은 더욱더 국제화의 길을 걷게 될 것이다. 외국인 관광객 수용에 관한 의식 조사 비율이 역전될 즈음에는 얼마나 빠른 단계에서 대처했느냐에 따라 노하우의 축적량에 큰 차이가 생긴다. 많은 경험을 통해 배운 노하우가 재방문 손님 확보로 이어진다. 이 사실을 마음에 새겨둘 필요가 있다. 외국인 관광객에 대응하는 것으로 가동률이 향상되고 이로 인해 료칸의 '일하는 방식 개혁'도 가능해진다.

료칸에서도 가능한
'워크 라이프 밸런스'

'일하는 방식 개혁'으로 주2일 휴무제 도입

'워크 라이프 밸런스work life balance'라는 말이 나오기 시작한 지 오래다. 일반적으로 워크 라이프 밸런스는 '일과 생활의 조화'로 번역되고, '국민 한 사람 한 사람이 보람과 충실감을 가지며 일하고 일의 책임을 다하면서 가정과 지역생활에서도 인생의 각 단계에 맞는 다양한 생활 방식을 선택·실현할 수 있는 것'이라고 여겨진다. 2007년에 정부·지방공동단체·경제계·노동계의 합의로 '일과 생활의 조화(워크 라이프 밸런스) 헌장'이 만들어져 출산율 향상, 남녀평등 정책뿐만 아니라 노동 시간 정책, 비정규 노동자 정책 등 일하는 방식의 전반적인 개혁이 진행됐다. 하지만 요즘 '블랙 기업'이라는 말이 자주 나오고 장시간 노동이 원인이 되는 여러 가지 폐해가 사회 문제로 대두되고 있다. 일본 정부는 2016년 9월 새로이 '일하는 방식 개혁 실현회의'를 설치하고 담당자를 임명했다. 최근 10년간 지지부진해서 진행되지 않았던 '일하는 방식 개혁'은 고령화로 인한 심각한 일손 부족과 겹쳐져 대기업도 마지못해 겨우 움직이는 것처럼 보인다. 패밀리레스토랑이나 패스트푸드점의 심야영업 폐지, 택배 업계의 취급 화물 제한, 프리미엄 프라이데이(매월 마지막 주 금요일 3시간 일찍 퇴근하는 제도 — 옮긴이) 등 새로운 대처가 시작되고 있다.

여기서 우리 숙박 업계로 눈을 돌려보면 예상대로 일손 부족이 심각하다. 야마시로야는 가족이 주요 스태프지만 아침과 밤에는 도와주는 사람이 각 두 명씩 오고 있다. 밤에는 저녁식사 시중이나 이불 준비 등이 있기 때문에 비교적 젊은 사람들이지만 아침에는 뒷정리나 청소를 하기 때문에 인력파견회사에서 사람이 온다. 인력파견회사도 고령화가 진행되어 현재 60대가 아니라 70대가 주류가 되었다.

주변 료칸을 살펴보면 후계자 부족도 심각하다. 료칸의 아이들도 대학 진학 등으로 오이타 현 밖으로 나가고 졸업 후 그대로 다른 지역에서 취직을 해버린다. 일단 도시에서 안정된 직장을 구한 아이들이 언젠가 가업인 료칸을 물려받으리라는 기대를 하기는 어려운 상황이다. 그 이유 중 하나가 료칸 자체가 매력이 없기 때문이다. 아이들의 눈에는 아침 일찍부터 밤늦게까지 일하는 부모의 모습(실제로 낮에 비는 시간이 있지만)이나 바쁜 시기에는 휴일 없이 연속으로 일하고 한가한 시기가 되어야 휴가를 낼 수 있는데 그것도 언제 휴가를 받을 수 있을지 예측할 수 없는 상황은 결코 매력적인 직장으로 비춰지지 않는다. 하지만 정부가 관광산업을 기반 사업으로 인식하고 관광을 축으로 경제 기반을 만드는 관광입국을 목표로 하고 있는 이때 숙박업은 그 최전선에 있는 일이라 할 수 있다. 나는 이 것을 아이들이 자랑스럽게 여겨줬으면 한다. 야마시로야에는 매일 많은 외국인 손님이 온다. 예전에는 이런 광경을 상상할 수 없었지만 현실은 무서운 속도로 국제화가 진행되고 있다. 국제화 사회의 견인차라고도 할 수 있는 직업이 관광업이고, 우리 숙박업은 틀림없이 그 일익을 담당하고 있다. 이런 상황에서 '료칸'에 대한 부정적인 이미지를 조금이라도 바꾸고 싶다는 생각이 들어 야마시로야는 재작년부터 '주2일 휴무제'를 도입했다.

●
수요일과 목요일은
정기휴일
야마시로야가 도입한 것은 스태프가 교대로 쉬는 '주2일 휴무제'가 아니다. 기본적으로 가족 경영이기 때문에 항상 교대할 수 있을 정도의 여유 인원이 있는 것도 아니고 한 사람만 빠져도 하루 일이 제대로 돌아가지 않는다. 그렇기 때문에 쉴 때는 스태프 전원이 동시에 쉰다. 료칸 자체의 휴무일인 것이다. 야마시로야는 기본적으로 수요일과 목요일을 정기휴일로 하고 있다. 관혼상제 등 어쩔 수 없는 사정이 있을 때는 요일을 변경하지만 기본적으로는 매주 같은 요일이다. 손님에게 예약 전화가 왔을 때 우연히 야마시로야의 정기휴일과 겹치는 경우가 있다. 그때는 솔직히 정기휴일이라고 하면 "료칸에 정기휴일이 있어요?"라며 놀라는 경우가 있다. 다시 말해 그

만큼 '료칸'과 '정기휴일'의 결합은 생각할 수 없었던 것이 그동안의 상식이었다.

일반적으로는 특정 요일이나 날짜를 정하지 않고 손님이 오는 상황을 봐가면서 적당할 때 쉬는 것이 이 업계의 상식이다. 혹은 종업원이 많은 대료칸에서 종업원이 교대로 쉬는 경우는 있어도 료칸 자체가 쉬는 경우는 료칸 전체 보수 공사를 할 때 빼고는 없는 것이 보통이다. 료칸이 주 2일을 쉬게 되면 경제적 리스크가 크고, 그렇기 때문에 남은 5일을 풀가동하지 않으면 성립되지 않는 영업 스타일도 문제인 것이다. 야마시로야도 이전에는 1년을 놓고 봤을 때 성수기와 비성수기가 있고 벌 수 있을 때 많이 벌어서 반드시 찾아오는 한가한 시기를 대비하자는 영업 스타일이었다. 하지만 외국인 관광객이라는 새로운 조류를 맞이하고 거의 1년 내내 객실 가동률·정원 가동률이 안정된 지금은 일부러 매주 정기휴일을 정해 스스로 생활 리듬을 만들고 일 이외의 사는 보람과 즐거움을 찾는 '새로운 일하는 방식'을 실시할 수 있게 되었다.

●
오봉·연말·정월도 휴무 호텔이나 료칸 등의 숙박 시설에는 1년 중 특별요금이 책정되어 있는 날이 있다. 업계 용어로 '특일'이라고 하는데 연말부터 정월까지, 5월의 골든위크, 8월의 오봉(일본의 최대 명절 — 옮긴이), 가을의 실버위크 등이 있다. 요금의 상승폭은 시설에 따라 각양각색인데 통상 요금보다 몇 천엔 비싸게 받는 것이 료칸에서도 당연시되고 있다. 일반인들에게 "료칸은 이때 돈 버는 거 아니에요?"라는 말을 자주 듣는다. 확실히 통상 요금보다는 비싼 요금을 받을 수 있고, 사람이 많이 움직이는 시기이기 때문에 어떤 료칸이라도 만실이 되는 일이 많다고 할 수 있다. 하지만 이런 특일은 요리 재료 등의 매입 가격도 비싸다. 결국 이익 자체는 평소와 별로 다르지 않다. 게다가 1년을 통틀어 이런 특일이 기껏해야 20일 정도다. 그리고 '오봉·연말·정월'로 한정하면 일주일 정도밖에 되지 않는다. 더구나 야마시로야처럼 객실이 7개밖에 없는 소규모 료칸은 아무리 열심히 한다고 해도 이날의 매출이 연간 매출에서 차지하는 비율은 얼마 되지 않는다. 그렇다면 굳이 이 시기에 일할 필요가 없지 않을까, 하는 결론에 이르렀다. 그래서 '오봉·연말·정월은 쉬기로' 했다.

지금까지의 료칸 상식으로는 생각할 수 없는 일일 것이다. 하지만 생각해보면 '오봉·연말·정월'이라는 특일은 일본 특유의 날이다. 일본 이외의 아시아 각국과 세계 전체를 살펴보면 공휴일은 천차만별이다. 특히 아시아에서는 폭풍 구매로 화제가 된 중국의 '춘절'이 음력 정월이고 일본의 정월과는 다르다. 중국, 홍콩, 타이완, 한국, 베트남, 몽골, 브루나이에서는 가장 중요한 공휴일 중 하나이고 음력 1월 1일은 양력으로 1월 21일부터 2월 20일 무렵 사이로 매년 바뀐다. 그리고 태국의 음력 정월은 '송크란'이라고 하며 4월 13일부터 15일까지가 축일이다. 1년을 통틀어보면 세계에는 다양한 공휴일이 존재한다. 세계를 시장으로 하고 있으니 이미 일본의 기준만으로는 잴 수 없게 되었다.

야마시로야가 '오봉·연말·정월'에 쉬기로 한 이유는 이것만이 아니다.

가족 경영의 소규모 료칸이기 때문이 전체 휴무 방식이 필요하다고 느꼈기 때문이다. 가족끼리 경영하고 있는 이상 한 사람 한 사람이 다른 날에 쉬어서는 의미가 없다. 가족과 함께 행동하는 것이 인생이다. 가족 전원이 같이 쉬어야 쉬는 의미가 있다. 그리고 이런 모습을 아이들에게 보여 줘서 료칸 일에 대한 기존의 부정적인 이미지를 완전히 떨쳐내고 싶다는 마음이 강했다. 정해진 날에 쉬면 앞일을 계획할 수 있다. 언제 쉴 수 있을지 모르는 상황에서는 계획이고 뭐고 없다. 인생에서 일이 아니라 다른 것에 소비할 수 있는 시간은 한정되어 있다. 이 한정된 시간을 좀 더 의미 있게 쓸 수 있다면 그보다 더한 행복이 있을까? 그리고 그러기 위해서는 일할 때는 보다 효율적으로 일하고 가능한 한 생산성을 높이는 노력을 해야 한다.

피곤한 얼굴로는 안도감을 줄 수 없다

물론 '주2일 휴무제'나 '오봉·연말·정월에 쉬는' 영업 스타일이 서비스업인 료칸에 맞는 것일까, 하는 의문이 남는다. 모든 숙박 시설이 이런 방식으로 영업을 하면 업계 자체가 유지되지 않을 것은 불 보듯 뻔하기 때문이다. 하지만 야마시로야가 굳이 이런 영업 스타일로 영업을 하는 데에는 이유가 있다. 그중 하나가 '료칸업 자체를 존속시키고 싶다.'는 생각 때문이다. 관광청에서는 과거 10년간의 '주요 숙박 시설 수의 추이'를 정리했다. 그에 따르면 2005~2014년, 10년간 호텔은 11퍼센트, 간이숙박업소는 14퍼센트 증가했지만 료칸은 25퍼센트나 감소했다. 고작 10년 만에 4분의 3으로 줄어버린 것이다. 앞으로 이런 경향은 더욱더 가속화될 것이다. 영업 부진이나 시설의 노후화 등의 원인도 있지만 나는 가장 큰 원인이 후계자 부족이라고 생각한다. 소규모 료칸이 호텔이나 대규모 료칸과 보조를 맞춰 체력 이상의 서비스를 한다고 해도 이것이 원인이 되어 후계자가 물려받지 않아 폐업해버리면 본전도 못 찾는다. 그렇다면 오랜 시간 동안 이어질 수 있는 료칸이 되기 위한 지속가능한 하나의 방책으로 '주2일 휴무제'나 '오봉·연말·정월 휴무'라는 영업 스타일을 받아들여도 되지 않을까?

또 다른 이유는 '손님 앞에서는 항상 만전의 상태로 있고 싶다.'는 생각 때문이다. 이것은 시설 관리는 물론이고 손님을 대하는 우리 자신이 항상 몸과 마음이 건강한 상태로 있는 것을 의미한다. 피곤한 얼굴을 하고 있어서는 손님에게 '안도감'을 줄 수 없다. '안도감'이야말로 최고의 '대접'이라는 야마시로야의 기본 이념을 바탕으로 하고 있는 한 절대 서비스업의 본질에서 벗어날 일은 없다고 확신한다.

료칸업은 평생 현역

●
소규모 료칸이
지역을 활성화한다

소규모 료칸의 '새로운 일하는 방식'의 이유로 '료

칸업 자체를 존속시키고 싶어서'라는 이야기를 했

다. 이 책의 앞머리에서 소개했듯이 현재 일본에는 료칸이 약 4만 개 있다

고 한다. 하지만 그 수는 매년 감소하고 있고 과거 10년간의 감소율에 입

각해 계산하면 앞으로 10년 후에는 3만 개 이하가 될 것을 쉽게 예측할

수 있다. 야마시로야가 있는 유노히라 온천에서도 료칸 수가 전성기의

약 3분의 1까지 감소했다. 주변에 비어 있는 료칸이 많아져 경관상으로

도 결코 좋다고는 할 수 없는데 이런 온천지가 일본 전국에 산처럼 많을

것이다.

한편 일본 정부는 도쿄 올림픽이 열리는 2020년까지 방일 외국인을 연

평균 4,000만 명으로 하겠다는 목표를 내세우고 있다. 거국적으로 '관광 입국'을 목표로 하고 있는데 중요한 숙박 시설이 많이 부족해 우려가 되고 있는 상황이다. 목표와 현실이 너무나도 동떨어져 있다. 이 상황을 타파하기 위해서라도 '소규모 료칸'이 하루라도 빨리 의식 개혁을 하고 행동해야 한다. 여기서 우리가 할 수 있는 일은 국내외를 막론하고 모든 손님을 적극적으로 받아들이는 구조 만들기와 모든 손님이 '안심'하고 시간을 보낼 수 있게 하기 위한 배려라고 생각한다.

군이 시설 자체를 호화롭게 하거나 고급 요리를 준비할 필요는 없다. 와이파이 환경이나 신용카드 등 외국인 관광객 대응에 필요한 최소의 정비를 하고 손님이 안심할 수 있도록 신경 쓰기만 하면 된다. 이런 노력이 쌓이고 쌓여 입소문으로 퍼지고 미래의 단골 확보로 이어져 가동률 상승과 함께 안정된 료칸 경영을 실현할 수 있다고 확신한다. 그리고 개개의 료칸이 실적을 올리게 되면 지역의 고용 확보나 관련 업자에게 파급 효과가 나타나 지역이 활성화될 것이다. 이것은 일본 경제 전체에도 머지않아 큰 영향을 미칠 수 있을 것으로 내다본다.

●
체력에 맞게 일하는 방식

료칸 경영의 안정화는 '새로운 일하는 방식'의 실현을 가능하게 한다. 이것은 후계자 부족이라는 부정적인 면을 해소할 뿐만 아니라 현역 세대인 우리의 앞날을 위한 것이기도 하다. 현재 나는 56세다. 오카미인 아내는 47세, 큰오카미인 장모님은 76세다. 이

일을 하고 있는 이상 정년은 없다. 10년 후를 상상해보면 체력적으로 점점 더 힘들어질 것이다. 주변의 료칸을 살펴봐도 거의 비슷한 상황이다. 이는 인구 감소와 고령화가 진행되는 일본에서 우리 료칸업뿐만 아니라 건설업이나 간호 등 다양한 업계에 닥쳐오고 있는 문제일 것이다.

2017년 4월에 후생노동성의 국립사회보장·인구문제연구소가 공표한 「전국장래추계인구」에 따르면 2053년에는 총인구가 1억 명을 밑돌고 2065년에는 8,808만 명, 65세 이상 노령인구 비율은 38.4퍼센트로 추산된다. 이러한 인구 구성의 변화가 예측되는 중에 앞으로의 경제활동을 어떻게 유지해갈지 사회 전체가 '일하는 방식의 개혁'을 강요받고 있다. 2017년 3월 정부가 발표한 「일하는 방식 개혁실행계획」의 기본적인 사고 방식에는 다음과 같이 적혀 있다.

"일본 경제 재생을 위한 최대 기회는 일하는 방식 개혁이다. '일하는 방식'은 '살아가는 방식' 자체이고 일하는 방식 개혁은 일본의 기업 문화, 일본인의 라이프 스타일, 일본의 일한다는 것에 대한 사고방식 자체에 손을 대는 개혁이다. 많은 사람이 일하는 방식을 개혁하는 것은 개개인의 워크 라이프 밸런스에도, 생산성에도 좋다고 인식하면서도 지금까지 종합적인 형태로 본격적인 개혁에 착수할 수 없었다. 이 변혁에는 사회를 바꿀 에너지가 필요하다."

분명 변혁에는 사회를 바꿀 에너지가 필요하다. 나는 '료칸업은 평생 현역'이라고 전제했을 때 우선은 자신의 체력에 맞는 '일하는 방식'을 기본으로 현 상태에서 가능한 한 생산성을 높이는 노력을 해야 한다고 생각한다. '주2일 휴무제'도 '오봉·연말·정월 휴무'도 일반 직장인에게는 당연한 일일지도 모르지만 소규모 료칸인 우리에게는 커다란 개혁이다. 물론 앞으로 또 대지진과 같은 천재지변이 일어나지 않는다는 보장은 없다. 또는 '평화산업'인 우리는 앞으로의 국제 정세에도 크게 좌우된다. 이런 때에 언제까지 이상만을 말하고 있을 수는 없을 것이다. 하지만 나는 소규모 료칸에는 소규모 료칸의, 대규모 료칸에는 대규모 료칸의 '일하는 방식'이 있다고 생각한다. 소규모 료칸의 체력에 맞지 않는 '방식'을 계속하면 머지않아 어디선가 무리가 생기고 알아차렸을 때에는 이미 늦었다는 것을 지금 자각하지 않으면 안 된다.

RYOKAN

STORY

CHAPTER 4

가동률 100퍼센트의 열쇠는 인터넷 활용

왜 야마시로야는
가동률 100퍼센트인가

의외로 빨랐던
대지진으로부터의 회복

외국인 관광객 유치를 시작한 지 11년, 야마시로야의 영업일은 연일 거의 만실 상태가 이어지고 있다. 2016년 4월 구마모토·오이타 대지진 직후는 예약이 텅텅 비었었는데 의외로 회복이 빨라 7월 후반에는 전년도 수준으로 회복했고, 그 후에는 전년 동월 대비 예약이 증가했다(앞에서 구체적으로 표시한 숫자대로다). 대지진은 4월 14일에 최대 진도 7이 관측되었고 2일 후 우리가 사는 유후인에도 진도 6을 기록해 구마모토·오이타 두 현에 아주 큰 피해를 불러일으켰다. 다행히 야마시로야가 있는 유노히라 온천은 비교적 지반이 단단해 건물 자체는 기와가 몇 장 떨어지고 벽에 금이 조금 가는 정도였다. 하지만 TV에 연일 유후인의 피해 상황이 보도되어 관광지로서의 데미지는 실제 손해 이상으로 확산되어갔다. 이는 국내에서 그치지 않고 국외까지 순식간에 퍼져 호텔·료칸, 관광 시설에는 '예약 취소 폭풍'이 휘몰아쳤다. 야마시로야도 지진일을 기점으로 예약장이 완전히 텅텅 비게 되었다. 그 후에도 여진은 몇 번인가 있었지만 고속도로나 대중교통의 복구가 아주 빠른 속도로 진행되어 일부 료칸과 상점을 제외하고는 통상대로의 영업이 재개되었다. 하지만 손님이 '돌아오지 않는' 상태가 그 후에도 얼마간 지속되었다.

규슈 전체에서는 지진에 의한 뜬소문 피해로 힘든 숙박업체 구제를 위한 관광객 회복용 정부 대책으로 '규슈부흥 할인프로그램'이라는 숙박할인권(프리미엄이 붙은 여행권)을 발행했다. 7월부터 9월 제1기, 10월부터 12월 제2기, 이렇게 2회로 나눠 여행 사이트나 여행사, 또는 편의점 등에서 최대 70퍼센트 할인으로 숙박을 이용할 수 있는 캠페인을 실시한 것이다. 그 덕분에 많은 숙박업자가 손님을 모을 수 있었는데 캠페인 기간 중에 벌써 '문제는 이 캠페인이 끝난 다음'이라는 불안의 목소리가 조금씩 나왔다. 사실은 이때 나는 이 목소리에 조금 위화감을 느꼈다. 물론 야마시로야에도 '규슈부흥 할인프로그램'을 이용한 손님이 있었지만 예약자 전체에서 차지하는 비율은 비교적 적고, 3개월씩 두 번 펼쳐진 캠페인과는 관계없이 예약 상황은 회복되고 있었다. 왜냐하면 앞에서 이야기했듯 이 외국인 손님은 리드타임이 길기 때문이다. 확실히 지진에 관한 뉴스는 인터넷으로 순식간에 세계에 퍼졌고 뉴스에 대한 반응은 외국인일수록 민감해 바로 예약 취소가 잇따랐지만 얼마 후 진정되어 다시 방일 의욕이

높아졌고, 그 손실은 의외로 빨리 보충할 수 있었다. 사실 이런 빠른 회복
도 인터넷이 큰 역할을 했다.

● 외국인은 어디에서
야마시로야를 알게 되는가?

2017년 1월에서 2월에 걸쳐 오이타 현 관광협회인 '투어리즘 오이타'가 설문조사 의뢰를 했다. 방일 한국인의 동향 조사였다(오이타를 가장 많이 방문하는 외국인은 한국인이다). 투어리즘 오이타가 앞으로의 프로모션에 참고하기 위해 어떤 고객층이, 어떤 경로로, 어떤 이유로 이 숙박 시설을 골랐는가, 그리고 여행 전체에서 느낀 과제 등을 묻는 설문이었다. 일본에 온 한국인 손님 중 한 료칸당 50팀에게 설문조사를 했고, 답례로 '온천 현 오이타'의 마크가 들어간 수건과 클리어 파일을 주는 방식이었다. 야마시로야에서도 한국인 관광객의 동향을 대략 예상하고는 있었지만 설문조사를 한 적은 없었기 때문에 이 기획을 아주 기쁜 마음으로 받아들였다. 설문조사의 집계 결과는 다음과 같다.

정보 수집 내역(이 시설의 정보를 어디서 입수했습니까?)

① 네이버 블로그 - 51%

② 네이버 카페 - 16%

③ 지인·친구 - 7%

④ 한국 예약 사이트 - 26%

야마시로야의 정보 입수처로 네이버 블로그와 네이버 카페가 실제로 전체의 70퍼센트 가까이 차지한다는 사실을 알게 되었다. 예전부터 한국 손님이 "야마시로야는 한국 인터넷에서 유명해요."라고 했었다. 처음에는 그냥 하는 말이라고 생각했는데 그 후 오는 사람마다 모두 똑같은 이야기를 했다. 지금까지 셀 수 없을 정도로 많이 들었다. 실제로 인터넷에 야마시로야를 한글로 검색해보니 야마시로야에 관한 많은 글이 나와서 놀랐다.

●
감동은 세계로 확산된다　　예전에 야마시로야에서 숙박은 하지 않고 온천만 이용한 한국인 손님에게 메일로 "이런 글을 올렸습니다."라는 연락과 감사 인사를 받은 적이 있다. 이 손님은 겨울에 부모님과 아이를 데리고 여섯 명이 열차를 타고 유노히라를 방문했다. 유노히라 역에서 유노히라 온천까지는 4킬로미터나 이어지는 언덕길을 올라가야 한다. 온천지가 역 근처에 있다고 생각했을 것이다. 2월의 추운 시기였는데 가족 모두가 온천장을 향해 걸어가고 있었다. 그때 마침 운전을 하고 있던 야마시로야의 오카미가 그들 곁을 지나간 것이다. 추운 겨울날, 어른 걸음으로도 40분 이상 걸리는 곳을 아이를 데리고 걷고 있는 모습을 차마 보고만 있을 수 없어서 "온천장까지 가시는 거면 타고 가지 않으실래요?"라고 말을 걸었다. 이야기를 들어보니 가족끼리 공동 온천에 들어가고 싶어 했다. 공동 온천은 남탕과 여탕이 나눠져 있기 때문에 가족이 함께 들어갈 수 없다. 그래서 "괜찮으시다면 저희 목욕탕에 가지 않으실래요?"라고 하고 야마시로야에 데리고 왔다. 가족은 야마시로야의 가족탕을 이용하고 로비에서 담소를 나눈 다음 아주 만족하고 돌아갔다.

그런데 그 손님이 이 이야기를 한국 온라인 카페에 사진을 첨부해서 올린 것이다. 글을 올리자마자 많은 사람들이 댓글을 달아 놀랐다고 한다. 나도 봤는데 그중에는 "좋은 일본 사람을 만났네요."라는 댓글도 있었다.

메일에는 "정말 감사했습니다. 잊을 수 없는 가족의 추억이 되었습니다. 부모님은 지금도 당신의 친절에 대해 이야기하십니다. 트립어드바이저나 한국의 유명한 온라인 카페에 감사한 마음을 담은 리뷰를 올렸습니다. 또 유노히라에 가면 꼭 야마시로야에 묵고 싶습니다. 정말로 감사했습니다."라고 적혀 있었다. 손님의 이런 글은 결과적으로 많은 사람에게 야마시로야의 좋은 홍보가 되기도 한다.

● **트립어드바이저 료칸 부문 전국 3위**

손님의 후기가 얼마나 중요한지는 앞에서 이야기한 설문조사 결과로도 알 수 있다. 하지만 후기에 관해서는 세계 최대 규모를 자랑하는 관광정보 사이트가 있다. 바로 '트립어드바이저'다. 트립어드바이저는 호텔 등 여행에 관한 후기·가격 비교를 중심으로 하는 웹사이트 및 애플리케이션이다. 미국을 비롯해 세계 49개국 28개 언어로 서비스를 하고 있고, 2017년 현재 올라온 후기 정보가 5억 건을 돌파한 '세계 최대 여행 후기 사이트'다.

이 트립어드바이저에서 야마시로야는 숙박 시설 만족도 순위 '일본 료칸 부문 2017'에서 전국 3위다. 그리고 '외국인에게 인기 있는 일본 료칸 2016'에서도 전국 10위에 올랐다. 야마시로야를 이용한 손님의 생생한 목소리를 평점화한 순위이기 때문에 좋게 평가해준 손님들에게 감사하는 마음이 가득하다. 사실 트립어드바이저는 후기만을 소개하는 사이트는 아니다. 각 숙박 시설 페이지 상단에는 각 예약 사이트로 연결되는 링크가 걸려 있고 거기서 숙박 예약을 하도록 유도할 수 있다. 야마시로야를 예약한 대부분의 손님이 이 트립어드바이저나 야마시로야의 페이스북, 홈페이지를 몇 번이고 본 다음에 예약 결정을 하고 있다고 한다. 역시 야마시로야를 선택한 이유로 다녀간 손님들의 후기에 대한 신뢰가 빠질 수 없는 요인이라고 할 수 있다. 그래서 4장에서는 야마시로야가 SNS를 활용하는 방법 등에 대해 자세히 이야기하도록 하겠다.

SNS를 이용해 손님을 늘리다

**페이스북
페이지의 활용**

SNS 이용 인구가 급속도로 많아지고 있다. 그중 전 세계 수십억 명이 이용하고 있다는 페이스북은 폭넓은 연령층의 지지를 받아 일본에서도 월간 이용자가 2,700만 명(2016년 12월)이라는 공표가 있다. 독자 중에서도 개인 계정을 가지고 있고 인터넷상에서 매일매일 친구와의 교류를 즐기고 있는 사람들이 있을 것이다. 나도 2011년부터 페이스북을 이용했는데, 6년 가까이 이용하니 과거의 오늘에는 무엇을 했을까, 라는 로그를 볼 수 있어 지금은 거의 일기와 같은 용도로도 쓰고 있다. 이 책을 쓰면서도 과거의 일을 재검토하거나 그때의 사진을 다운로드하는 등 많은 도움을 받았다. 페이스북은 개인이 이용하기도 하지만 기업이 '웹상에서 효과적으로 손님을 모으는 수단'으로도 널

리 활용되고 있다. 이것을 '페이스북 페이지'라고 하는데 일반인의 경우는
취미 페이지나 자선활동 혹은 커뮤니티의 장으로 사용하기도 한다. 야마
시로야도 공식 페이스북 페이지를 만들어 이용하고 있다. 여기서 지금까
지의 활용 방법에 대해 소개한다.

●
글을 올릴 때는
일본어와 영어로
료칸 '야마시로야'의 페이스북 페이지는 2017년 4월
현재 8,300개의 '좋아요' 수를 기록하고 있다. 전국
적으로 보면 자사의 페이지 '좋아요' 수가 1만 건 이상인 기업이 많겠지만,
오이타 현으로 한정해서 보면 야마시로야는 상위에 올라 있다. 글을 올릴
때는 가능한 한 그때그때의 정보를 올리는 것이 중요한데 야마시로야는
세계에 있는 이용자를 의식해서 글을 올리도록 신경 쓰고 있다. 그래서
같은 내용을 일본어와 영어로 꼭 병기해서 올린다. 이것은 열람 대상이
전 세계의 수십 억 명 이용자라고 생각하면 당연한 일이다. 올리는 글의
내용을 일본어로 쓴 다음에 다시 영어로 쓰는 것은 얼핏 보면 어려워보인
다. 하지만 실은 아주 간단한 영어로 번역하고 있을 뿐이다. 게다가 '구글
번역'과 같은 번역 애플리케이션을 이용하면 그렇게 어렵지도 않다. 영어
로 병기하기 때문에 당연히 외국인이 누른 '좋아요' 수도 늘어나고 댓글도
달린다. 보통 영어 댓글에는 영어로 답장을 하는데 이것도 번역 애플리케
이션을 사용해서 간단한 영어로 답장을 하고 있을 뿐이다. 그리고 반응이
좋은 글은 사람들이 공유를 많이 해주기도 한다. 알지도 못하는 나라의

본 적도 만난 적도, 없는 친구끼리 일본 료칸 '야마시로야'의 화제를 공유해주고 있으니 이보다 더 고마운 일이 있을까?

지금까지 '좋아요' 수와 '공유' 수가 가장 많았던 글은 대지진 직후에 올린 글이었다. "큰 피해 없이 가족 전원이 힘내서 영업하고 있습니다."라는 야마시로야의 절실한 메시지에 많은 사람들이 응원해주었다. 이 글은 무려 '좋아요' 수가 440개, '공유' 수가 154개나 올랐다. 그리고 무엇보다도 '리치', 최종적으로 얼마나 많은 사람들의 눈길을 끌었는지를 보는 숫자가 3만 7,000개나 되었다. 다시 말해 이만큼 전 세계의 사람들이 '료칸 야마

| 대지진 직후에 올린 글은 세계 3만 7,000명의 눈길을 끌었다

시로야의 존재를 알게 된 것이다.

구마모토·오이타 지진 이후 야마시로야가 비교적 빨리 회복하고 3개월 후에는 통상의 영업 상태로 돌아갈 수 있었던 것도 SNS를 통해 야마시로야가 내보내는 정보가 확실하게 손님들 눈에 띄었기 때문에 가능했다고 할 수 있다. 지금은 TV 뉴스나 신문처럼 개인이 내보내는 정보가 큰 힘을 가지게 되었다.

●
메시지 기능으로 손님과 대화를 주고받다

페이스북 페이지에는 사진이나 글만 올릴 수 있는 것은 아니다. '메시지 기능'을 이용하면 손님과 일대일로 메시지를 주고받을 수 있는데 아주 편리하다. 야마시로야는 매일매일 예약 문의나 숙박 당일 교통편에 관한 메시지를 많이 받고 있다. 특히 교통편에 대해서는 "지금 유후인 역에 있습니다. 이제 열차에 탑니다."와 같은 실시간 메시지가 있고, 이런 메시지는 스마트폰으로 그때그때 받을 수 있다. 이럴 때에 앞에서 소개했던 '열차 타고 내리는 법' 동영상의 주소를 첨부해서 답장을 한다. 손님은 이 동영상을 보고 지금부터 승차하는 열차에 대한 구체적인 이미지를 그릴 수 있다. 정보 전달 수단이 전화밖에 없었던 시절과 비교하면 상당히 편리해졌다.

그리고 실제로 숙박하고 난 다음에 손님이 기념으로 찍은 사진을 감사 메시지에 첨부해서 보내주기도 한다. 메일과 같은 사용법이지만 페이스북 페이지가 훨씬 가볍게 이용할 수 있어서 손님과의 친밀한 소통의 장이 되었다. 이렇게 메시지를 주고받을 때 앞에서 소개한 '영문 답장 예문집'의 도움을 많이 받고 있다.

누구나 무료로 만들 수 있다　페이스북 페이지에는 그밖에도 다양한 기능이 있다. 기본적으로 '웹상에서 효과적으로 손님을 모으기 위한 수단'으로 화면이 설계되어 있고, 기존의 홈페이지를 대신하는 역할을 맡고 있다. 그중 하나로 여러 애플리케이션과의 연계 버튼이 있다. 세계적인 여행 후기 사이트 '트립어드바이저'나 해외 예약 사이트 '부킹닷컴' 등의 애플리케이션으로 버튼 한 번만 누르면 갈 수 있다. 손님이 야마시로야에 예약할 경우 홈페이지나 예약 사이트, 페이스북, 트립어드바이저 등 여러 사이트를 둘러본 다음에 결정하는 경우가 많다. 모든 정보를 바탕으로 종합적인 판단을 하고 있다.

　페이스북 자체에도 '리뷰'라는 항목이 있고, 별 5개의 평점과 함께 야마시로야의 후기 등을 볼 수 있지만 '트립어드바이저'로 가는 연계 버튼을 누르면 세계 28개 언어로 된 후기를 볼 수 있다. 나는 "인터넷으로 손님을 모으고 싶은데 홈페이지가 없다."고 말하는 료칸 운영자에게 주저하지 않고 '페이스북'에 자사 페이지를 만들라고 권하고 있다. 기존의 홈페이지와 블로그의 역할을 모두 갖추고 있고, 기본적으로 다언어 대응이 가능하기 때문이다. 그리고 가장 큰 이유는 '누구나 무료로 만들 수 있다'는 큰 장점이 있기 때문이다.

●
수수료 없이 '자사 예약'을
유도하다

보통 호텔·료칸의 인터넷 예약에서 가장 많은 형태는 온라인 여행사에서 예약하는 것이다. 하지만 여기에서 예약을 하면 숙박 시설에서는 대략 10퍼센트 전후의 수수료가 발생한다. 반면 홈페이지를 경유해서 메일로 예약하거나 직접 전화로 예약하는 '자사 예약'에는 당연히 수수료가 발생하지 않는다. 시설 입장에서는 가능한 한 수수료가 발생하지 않는 '자사 예약'을 좋아할 것이다.

페이스북 페이지는 기본적으로 '웹상에서 효과적으로 손님을 모으기 위한 수단'으로 화면이 설계되어 있는 것은 물론, '자사 예약'으로 유도한다는 관점에서도 우수한 기능을 갖추고 있다. 화면에 '예약'이라는 버튼을 추가 설정할 수 있는 것이다. 이 버튼은 CTA call to action라고 하는 기능이고, 종류는 '구입', '문의', '자세한 사항은 여기로' 등이 있으며 영업 형태에 따라서 마음대로 선택할 수 있다. '예약'을 선택하면 거기에 링크된 사이트를 자사의 홈페이지로 설정할 수도 있고, 자사의 예약 사이트가 있으면 직접 그 URL을 설정할 수도 있다.

야마시로야는 현재, 예약 사이트에서 '자사 예약' 사이트로 이동할 수 있는 링크가 걸려 있다. 그리고 '자사 예약' 사이트에서 예약한 손님에게 '무료 음료 서비스' 등의 특전을 주고 있다. 수수료가 발생하지 않는 만큼 어느 정도 손님에게 환원하고 있는 것이다. 그밖에도 페이스북 페이지에는 '체크인 기능'이라는 것이 있다. 이것은 손님이 료칸에 왔을 때 스마트폰 등의 GPS 기능을 이용해서 자신이 현재 있는 장소를 친구에게 전달할 수 있는 지리 정보를 이용한 기능이다. 손님들은 이 체크인 기능을 이용해 '지금 이런 료칸에서 이런 요리를 먹고 있다.'라는 식의 글을 올리기도 한다. 그 글이 손님의 친구나 또 다른 친구에게 순식간에 퍼져 '야마시로야'의 광고를 해주고 있다. 어떤 손님이 '체크인'을 해주었는지 거의 실시간으로 료칸의 관리자가 알 수 있기 때문에 답례로 서비스를 해주고 있다. 페이스북 페이지에는 그밖에도 쿠폰이나 상품 표시 등 업종에 맞는 여러 가지 이용법이 있으니 료칸이 아닌 다른 업종의 사람들도 비용이 들지 않는 집객 방법으로 검토해보면 어떨까?

주변 관광지를 영상으로 안내하다

대지진으로 얻은 깨달음

외국 손님들이 안심하고 올 수 있게 하기 위한 방법으로 2장에서 열차를 타고 내리는 법의 '하우 투 동영상'을 만들었다는 이야기를 했다. 사실 야마시로야가 지금까지 만든 영상은 이것뿐만이 아니다. 그 외에도 '주변 관광지 안내 영상'도 만들었다. 이 영상을 만든 계기는 구마모토·오이타 대지진이었다. 이 시기에 TV에서는 큰 피해를 입은 구마모토 성의 모습을 자주 볼 수 있었다. 천수각이 당장이라도 무너져 내릴 것 같은 돌담 위에 불안정하게 서 있는 영상은 상당히 충격적이었다. 규슈 관광을 이야기할 때 구마모토 성의 존재는 아주 큰 부분을 차지한다. 방일 외국인의 행동 범위가 일본인의 상상을 훨씬 뛰어넘을 정도로 넓다는 이야기는 이미 했다. 그런데 외국인 관광객이 자주 하는 관광 패턴으로 규슈의 현관인 후쿠오카 현으로 입국한 다음 구마모토에 가서 구마모토 성과 아소 산을 관광하고 야마나미 하이웨이를 횡단한 후 오이타 현의 유후인·벳푸를 거쳐 다시 후쿠오카 현에서 귀국하는 '북규슈 관광 루트'가 있다. 지금까지 야마시로야에 숙박했던 손님 중에도 구마모토 성이나 아소 산을 보고 왔다는 사람이 많았다. 그런데 이 대지진 이후 북규슈 관광 루트가 무너져버린 것이다. 구마모토 성의 존재가 근처에 있는 오이타 현의 관광에 미친 영향이 상상 이상으로 크다는 사실이 부각되었다. 오이타 현의 관광은 그만큼 이웃 현에 있는 구마모토 성에 의지하고 있었다.

이 사실을 실감한 나는 앞으로는 오이타 현만의 관광 루트로도 장기 체류하는 외국인 관광객이 충분히 만족할 수 있다는 정보를 내보내야 한다는 생각이 들었다. 물론 이웃 현과 함께 연계해서 홍보를 하는 것도 중요하지만 우선은 기반을 다시 다져 외국인이 아직 모르는 오이타 현의 묻혀 있는 관광 자원을 인식할 수 있도록 해야 하지 않을까 생각했다. 그래서 고심 끝에 현 내 관광지의 안내 영상을 만들기로 했다.

●
렌터카용 관광 영상을 만들다　오이타 현은 캐치프레이즈를 '일본 제일의 온천 현 오이타'라고 할 정도로 원천 수와 용출량이 많고 일본 제일의 온천 덕분에 자연경관이나 식문화 같은 관광 자원이 아주 풍부한 곳이다. 하지만 관광지 치고는 2차 교통, 3차 교통이 부족하다는 사실은 부정할 수 없고, 우수한 관광 자원이 여기저기 흩어져 있는데도 불구하고 개인으로 여행하는 외국인 관광객에게는 벽이 높다는 것이 곤란한 부분이다. 현재 부족한 교통 여건을 렌터카가 메워주고 있다.

최근 야마시로야의 손님 중에는 렌터카를 이용하는 사람이 많아졌다. 이전에는 일본과 같은 오른쪽 핸들에 익숙한 홍콩 손님이 렌터카를 많이 이용했는데, 최근에는 왼쪽 핸들에 익숙한 한국 손님들도 렌터카를 이용하게 되었다. 이렇게 된 원인은 자동차 내비게이션의 다언어 대응에 있다고 생각한다. 자동차 내비게이션은 기본적으로 조작 메뉴와 음성 루트 안내가 일·영·한·중 4개국어로 되어 있기 때문에 가고 싶은 곳의 전화번호만 입력하면 정확하게 목적지에 도착할 수 있다. 그래서 야마시로야는 렌터카로 온 손님용으로 오이타 현 각지의 '추천 관광 명소'까지의 여정을 운전자 시선으로 촬영한 '관광 홍보 영상'을 만들었다. 현시점에는 우리 지역인 유후인 주변, 근처에 있는 구주코겐, 오이타 현 남부 사이키 시 가마에 등의 영상이 있는데 모두 영어 자막이 달려 있다. 유후인 근처에서 소개하고 싶은 장소로 유후인 정 가와니시의 '깃사코 카페 도시안'이 있다. 야마시로야에서 차로 15분 정도의 거리에 있는데 관광지로 유명한 유후인 중심부에서 떨어진 산속에 있다. 가게 이름에서 알 수 있듯이 승려인 주인과 그의 아내가 사찰 음식을 바탕으로 한 채식요리를 제공하는 카페다. '깃사코(우리나라에서는 끽다거라고 한다 ― 옮긴이)'는 선어(불교의 한 종파인 선종에서 쓰는 말 ― 옮긴이)로서 "차나 한잔 하고 가시게."라는 의미다. 주인이 이상으로 하는 절의 모습을 카페라는 형태로 재현한 곳이다.

나뭇잎 사이로 햇살이 비치는 조용한 다다미방에서 부처의 마음을 느끼며 느긋하게 시간을 보내는 체험은 틀림없이 외국인들도 좋아할 것이다. 이렇게 일반 가이드북에는 실려 있지 않은, 알 만한 사람은 아는 비밀의 은신처 같은 곳을 가능한 한 많이 소개하고 싶어서 야마시로야에서부터의 여정을 넣어 '소개 비디오'를 만든 것이다. 이 영상은 야마시로야의 페이스북에서 볼 수 있을 뿐만 아니라 료칸의 객실 TV로도 시청할 수 있다.

객실 TV로 관광 안내를

최근 세계적으로 '사물인터넷'이라는 단어가 화제가 되고 있다. 이는 여러 가지 '사물'이 인터넷에 접속되어 정보를 교환하는 것으로 서로 제어하는 시스템 및 그로 인한 사회 실현을 뜻한다. 야마시로야는 모든 객실과 라운지의 TV를 인터넷에 접속해놓고 서버에 업로드 된 영상을 각 객실에서 자유롭게 시청할 수 있는 시스템으로 되어 있다. 유튜브 영상도 마음껏 볼 수 있다.

이 시스템은 오이타 현 기쓰키 시에 본사가 있는 주식회사 KTS의 '차세대 멀티미디어 서비스'를 도입한 것이다. 그동안 KTS는 전국의 호텔을 대상으로 객실 TV로 관내 소개나 유료 영화 등의 비디오를 전송하는 서비스를 주요 사업으로 해왔다. 그리고 증가하는 외국인 관광객을 타깃으로 다언어 대응도 넣어 새롭게 료칸에서의 사업을 전개하기 시작했다. 그래서 야마시로야의 제안으로 기존의 료칸 소개뿐만 아니라 현 내의 관광지도 다언어로 소개하는 시스템을 개발했다. 물론 야마시로야에서 만든 영상만으로는 충분하지 않기 때문에 현 내 각 시에서 이미 공개하고 있는 '공식 관광 홍보 영상'도 유튜브를 통해 전 객실에서 시청할 수 있게 했다. 이 관광 홍보 영상으로 렌터카를 이용해 이동하는 외국인 손님에게 좀 더 자세한 관광 정보를 제공할 수 있게 되었다.

나는 이런 서비스가 현 내의 다른 료칸으로까지 확대됐으면 한다. 오이타 현 각지에서 폭넓은 관광 정보를 제공하면 앞으로 외국인 관광객의 발길이 아직 알려지지 않은 관광지로 옮겨질 것이라는 기대를 하고 있기 때문이다.

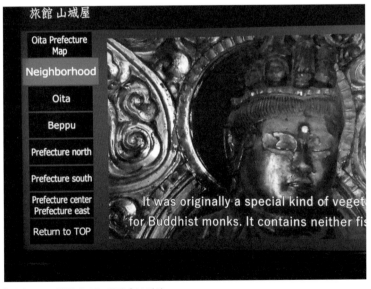

| 객실 TV로 시청할 수 있는 관광 홍보 영상

포스터와 팸플릿 사용법

애초에 규슈를 모른다?   앞에서 이야기했듯이 야마시로야는 홈페이지를 다언 어화할 때 지역의 외국인 유학생의 도움을 받았다. 외국인 유학생에게 실제로 유노히라 온천에 와서 야마시로야에 묵고 유노히라 온천과 야마시로야를 눈으로 보고 피부로 느낀 다음에 자국의 가족이나 친구에게 소개할 때 어떻게 표현하면 가장 이해하기 쉬울지를 함께 생각해달라고 했다. 일본어로 작성한 것을 그대로 번역하면 미묘한 뉘앙스를 전하기 힘들다고 생각했기 때문이다. 외국인에게 소개하기 위해서는 외국인 시선의 표현이 중요하다.

소규모 료칸인 야마시로야에는 전용 포스터도 팸플릿도 없다. 하지만 현이나 시, 관광협회에서 만든 것을 미치노에키 휴게소 등에서 많이 볼 수 있다. 최근에는 다언어판도 많아졌다. 하지만 그중에는 '정말로 외국인이 오길 바라는 걸까?' 하는 의문이 드는 포스터나 팸플릿이 적지 않다. 예를 들면 포스터 오른쪽 하단 등에 표시되어 있는 '위치도'가 그렇다. 오이타 현의 지도만 표시하고 ○○ 시 부분이 눈에 띄도록 디자인한 포스터가 있다. 일본 지리에 대한 지식이 있는 일본인이라면 이걸로도 괜찮겠지만(일본인이라도 규슈 안에 있는 오이타 현의 위치를 모르는 사람이 있을지도 모르지만) 애당초 외국인 중에는 규슈가 일본 어디에 위치해 있는지 모르는 사람이 적지 않다.

반대 입장에서 생각해보면 쉽게 이해할 수 있다. 이탈리아의 밀라노나 나폴리의 지명은 알고 있어도 지도의 정확한 위치를 아는 일본인이 얼마나 될까? 그렇기 때문에 작아도 좋으니깐 일본 전체의 지도와 거기에서 핀 포인트로 확대한 지도 모두를 포스터에 넣을 필요가 있다. 이것은 외국인 관광객을 적극적으로 받아들이고 있는 지역에서는 이미 상식이다. 다음 페이지의 사진은 오이타 현 다케타 시의 팸플릿인데 아주 이상적인 표시다.

지역 관광 안내(산책) 지도도 마찬가지다. 가장 많이 보이는 유형은 먼저 일본어판을 만들고 같은 디자인을 토대로 영어판, 한국어판, 중국어판을 따로따로 만드는 유형이다.

예를 들어 한국인이 한글로만 된 지도를 들고 거리를 걷고 있다면 어떨까? 골목에는 한자나 히라가나로 된 간판밖에 없다. 지도에 적혀 있는 한글이 아무리 정확하게 번역되어 있어도 어느 것이 어느 것인지 전혀 판별

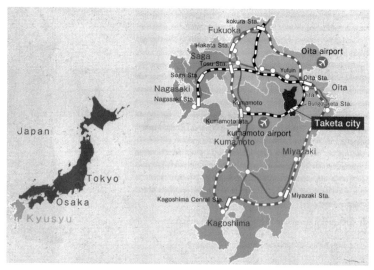

| 외국인 관광객용 다케타 시 팸플릿

할 수 없지 않을까? 중국어권 사람들은 어떻게든 한자로 판별할 수 있을지도 모르겠다. 하지만 히라가나나 가타가나로 되어 있으면 어쩔 도리가 없다. 다시 말해 '일본어를 병기하는 것이 훨씬 친절'하다. 일본어 문자를 '도형'으로 인식하면 병기한 모국어로 간판의 의미도 알 수 있기 때문이다. 이것은 간단한 것이지만 의외로 빠지기 쉬운 함정이라는 생각이 든다.

다른 지역의 팸플릿을 두다

2장에서 소개했듯이 야마시로야의 목욕탕 앞 휴게 공간에는 '국제 관광 정보 살롱'이 있다. 여기에는 오이타 현 내의 주요 관광지 팸플릿, 그것도 다언어판을 가능한 한 많이 모아놓았다. 야마시로야는 유후 시에 있지만 관내에는 유후 시의 팸플릿은 별로 없고 거의 대부분이 다른 시정촌의 관광 팸플릿이다. 왜 우리 지역의 팸플릿이 별로 없을까? 손님은 이미 이 지역의 관광 정보를 가이드북 등을 통해 조사하고 왔기 때문이다. 야마시로야 근처에서 가장 인기 있는 관광지는 유후인의 '유노쓰보 거리'다. 여기에는 기념품 가게, 세련된 카페나 레스토랑이 많고 우리도 모르는 사이에 하나둘씩 새로운 가게가 생기고 있는데 외국인 손님 중에는 최근에 생긴 가게에 대해 이 지역에 있는 우리보다도 자세하게 알고 있는 손님도 있다.

생각해보면 우리도 어딘가를 여행할 때에는 사전에 가이드북을 구입해서 자세히 조사하고 간다. 그렇기 때문에 목적지의 정보는 목적지에 도착하고 나서부터는 그다지 필요하지 않다고 할 수 있다. 정말로 필요한 정보는 '지금 있는 곳의 정보'가 아니라 '지금부터 갈 곳의 정보', '지금부터 가고 싶은 곳의 정보'다. 특히 개인 여행이고 렌터카를 이용하는 외국인 관광객은 가는 곳곳에서 새로운 만남을 경험하고, 새로운 발견을 하길 원한다. 자동차 내비게이션은 확실하게 가고 싶은 장소를 다언어로 안내해준다. 현재 외국인에게 인기 있는 오이타 현의 관광지는 벳푸와 유후인이다. 오이타 현의 외국인 관광객 수용은 거의 이 두 곳에 집중되어 있다고 할 수 있다. 왜냐하면 대부분의 가이드북에는 이 두 곳의 정보가 실려 있기 때문이다. 하지만 오이타 현에는 아직 많은 관광 자원이 있다. 일본인에게는 너무 흔한 풍경도 외국인의 눈에는 '신선한 충격'인 경우가 많다.

유럽 사람들의 눈에는 논의 풍경조차도 아름답게 비칠지 모른다. 그리고 여기저기 흩어져 있는 성하마을의 흔적도 역사적으로 아주 흥미 있는 곳이라 생각한다. 다만 정보가 부족해 방문하지 못하는 것뿐이다. 이런 정보를 알리는 포스터나 팸플릿을 가능한 한 광범위하게 게시하는 것이 중요하고 그러기 위해서라도 오이타 현 내의 각 숙박 시설이나 관광 시설에서 '다른 지역의 정보'를 서로 소개해야 한다고 생각한다. '자기 지역의 정보'보다도 '다른 지역의 정보'를 중시하는 것은 얼핏 보면 모순이라고 느껴질 수 있다. 하지만 나는 '피차일반'이라는 정신으로 노력해간다면 머지않아 그 보답이 꼭 있으리라고 믿고 있다.

●
**알려지지 않은
관광 명소를 발굴하다**
앞에서 오이타 현 기쓰키 시에서 하고 있는 '기모노 체험 투어' 이야기를 했는데 오이타 현에는 기쓰키 시와 같은 성하마을이 아직 더 있다. 그 대표적인 곳이 우스키 시나 다케타 시 등이다. 예전 무가 집터의 거리가 에도 시대의 풍경을 아직도 간직하고 있는데, 외국인 관광객 수용에 대해 앞으로 어떻게 대처할지가 기대된다. 나는 2016년도 오이타 현 투어리즘 전략 추진 회의의 위원으로 임명되어 오이타 현의 관광 관계자와 함께 이 회의에 출석했다. 그 회의에서 오이타 현의 차후 관광 시책안으로 방일 외국인 관광객을 향후 3년 동안 더욱 증가시키기 위한 목표 수치의 상향 수정안이 나왔다. 목표 수치 산출 방식은 관광청 수치가 공표된 결과에 입각한 것이고, 2015년도 '관광 인파객 수' 지표에서 당초 목표치를 이미 달성했기 때문에 상향 수정한 것이다. 회의에서는 지금도 벳푸나 유후인에 외국인이 넘쳐나는 상황에서 앞으로 외국인 관광객이 급격히 증가하는 것에 대한 걱정의 목소리도 있었다. 하지만 현시점에 오이타 현에서 외국인이 방문하는 장소는 특정되어 있고, 그 외의 지역에서는 아직 알려지지 않은 많은 관광 자원이 잠들어 있는 상황이라 할 수 있다. 다시 말해 외국인 시선의 정보 발신이나 다언어 표시, 다언어 가이드 육성 등으로 앞으로 현 내 도처에서 외국인 관광객 수용을 추진할 수 있다.

여기서 내가 주목하고 있는 것이 '도모다치 가이드(친구 가이드—옮긴이)'라는 외국인 관광객과 지역 가이드와의 매칭 플랫폼을 운영하고 있는, 벤처기업 '후버Huber'다. 가나가와 현 가마쿠라 시를 거점으로 전국에 6개의 지점이 있는 회사다. 이 매칭 플랫폼을 기획한 사토 쇼佐藤祥 씨는 벳푸에 있는 리쓰메이칸 아시아태평양대학 졸업생이고 현재 동 대학 유학생 기숙사에 사무실을 차리고 벳푸 시 근처에서부터 오이타 현 전역으로 새로운 시장을 개척하고 있다. '도모다치 가이드'는 이름 그대로 친구와의 여행처럼 즐겁고 편안한 관광 체험을 할 수 있게 하는 인터넷상의 가이드 매칭 서비스다. '후버' 자체가 가이드를 하는 것은 아니다. 어디까지나 '외국인을 안내하고 싶은 일본인'과 '일본을 좀 더 깊이 알고 싶은 외국인'과의 만남의 장을 인터넷상에서 제공하고 있을 뿐이다. 기업은 양쪽에서 소정의 수수료를 받는 것으로 수익을 올리고 있다. 이 서비스의 특징은 2인 1조로 한 사람이 통역, 나머지 한 사람이 안내라는 역할 분담에 있다. 이로 인해 예전부터 각 지역에서 일본인을 대상으로 자원봉사 가이드를 하고 있던 사람들이 통역을 할 수 있는 사람과 함께 가이드를 하게 되어 그 지식을 일본인뿐만 아니라 외국인에게도 전달할 수 있게 되었다. 그 지역에 관한 것은 그 지역 사람에게 듣는 것이 제일이다. 외국인 관광객에게는 '그 지역 사람'만 아는 숨겨진 관광 명소에 가고 싶다는 욕구가 있다.

나는 TV 프로그램 중에 NHK의 〈세계 만남의 거리 걷기〉를 좋아한다. 매회 세계 각지의 도시를 하나씩 골라 그 도시의 거리 등을 소개하는 프로그램인데 빼어난 카메라 워크로 시청자에게 마치 그 거리를 걷고 있는 듯한 착각을 불러일으킨다. 이 프로그램의 좋은 점은 유명한 관광 명소뿐만 아니라 거기서 골목으로 조금 들어간 보통 여행 프로그램에서는 볼 수 없을 것 같은 장소도 소개한다는 점이다. '도모다치 가이드'는 바로 이런 깊이 있는 관광 가이드를 기대할 수 있다. 이 방법이 확대되면 알려지지 않은 관광 명소까지 확실하게 외국인을 안내할 수 있게 된다.

오이타 현 우스키 시의 거리는 교토와 꼭 닮았다. 지금 외국인이 많이 걷고 있느냐 걷고 있지 않느냐의 차이뿐이다. 예전에 '도모다치 가이드'의 체험 모니터로 우스키 시를 방문한 외국인은 석불이나 무가 집터가 줄지어 서 있는 니오자 주변을 걷다가 엄청 흥분했다고 한다. 이런 체험이 SNS 등을 통해 확산되어가면 그동안 외국인이 별로 방문하지 않았던 지역도 일본의 숨겨진 관광 명소로 점점 널리 알려지게 되고 외국인의 새로운 여행 루트로 정착되지 않을까 기대하고 있다.

지역사회 전체가 변해가다

●
**대중교통의
변화**
　야마시로야는 지금까지 많은 외국인 손님을 받아들인 결과, 일본인·외국인을 막론하고 손님에게 어떻게 '안도감'을 제공할 수 있는가가 가장 중요하다는 사실을 알게 되었다. 료칸 안에서의 '안도감'도 중요하지만 '료칸에 도착할 때까지'와 '료칸에서 출발한 다음'에도 안도감을 느끼게 하지 못한다면 재방문으로 이어지지 않는다. 그리고 이것은 료칸 하나가 해결할 수 있는 문제가 아니라 지역사회 전체에서 변하지 않으면 안 되는 문제다. 외국인 손님이 주로 이용하는 대중교통인 열차에 대해서는 타고 내리는 방법을 동영상으로 설명하고 있다는 이야기를 앞서 했다. 현재 무인역인 유노히라 역에 도착한 2량 편성 열차는 1량의 문만 열린다. 외국인 손님 중에는 2량 문으로 내리려고 했다가 문이 열리지 않아 내리지 못하고 당황하다, 다음 역까지 가서 다시 돌아오는 열차를 타는 사람들이 많다.

이 건에 대해서 2년 전에 유노히라 역 관할인 유후인 역 역장에게 상담을 했다. 그랬더니 "열차 내에서는 '앞 차량의 첫 번째 문으로 내리라'는 안내 방송을 일본어와 영어로 하고 있는데 안타깝게도 손님들 귀에 잘 들어가지 않는 것 같다."라는 대답을 내놓았다. 나는 이 상황을 해결하고 싶어서 열차 타고내리는 방법을 다언어 자막으로 설명하는 동영상을 만들고 홈페이지에 소개했다. 그리고 사전에 메일로 문의가 왔을 때는 유튜브 URL을 반드시 첨부해 손님이 볼 수 있도록 했다. 하지만 이 동영상을 한 번도 보지 못한 손님은 이전과 마찬가지로 헤매게 된다. 그래서 나는 2016년 10월에 오이타 현 교통정책과를 통해서 JR규슈에 모든 문 개방을 부탁하기로 했다. 오이타 현의 교통정책과 담당자가 진지하게 대응해주었고 바로 JR 측에 요청을 전달해주었다. JR에서는 "내부에서 협의 중이지만 문을 모두 개방하는 건 다른 역에도 영향을 끼치게 되어 스티커 부착 등 외국인 관광객이 숙지할 수 있는 방법을 다양하게 검토하고 있습니다."라고 대답했다.

무인역은 유노히라 역뿐 아니라 오이타 현 전역 혹은 규슈 전역에 셀 수 없을 정도로 많다. 따라서 한 역만을 예외로 하는 것이 간단한 일이 아니라는 것을 충분히 이해할 수 있다. 상상할 수 없을 정도의 복잡한 노력이 필요할 것이다. 그런데 해가 바뀐 1월 유노히라 역에 큰 변화가 나타났다. 무인역 홈에 커다란 현수막 안내 표시가 등장한 것이다. 영어, 한국

| 4개국어로 적힌 안내 현수막

어, 중국어, 일본어 4개국어로 "제일 앞 차량에서 내려주세요."라고 크게 적힌 현수막이 두 번째 차량의 정차 위치(열차 안에서 본 위치)에서 잘 보이는 홈의 벽에 붙어 있었다. 관할인 유후인 역 역장이 사태 개선을 위해 힘써준 것이다. 이런 안내 표시가 있는 것과 없는 것 사이에는 큰 차이가 있다. 유노히라 역에는 '큰 한 걸음'이라 생각하며 아주 감사하고 있다. 앞으로 얼마 동안은 상황을 지켜봐야 하겠지만 중요한 것은 언제나 손님을 제일로 생각하고 손님이 불안감 없이 여행할 수 있는 환경을 갖추는 것이다. 그리고 하나의 숙박 시설인 우리도 이 사실을 항상 명심하고 필요하다면 사회를 향해 목소리를 높여야 한다.

'외국인 관광객 추진연락협의회'를 만들다

2020년 도쿄 올림픽·패럴림픽까지 방일 외국인 관광객 수 4,000만 명이라는 목표를 달성하기 위해서는 국민 한 사람 한 사람이 그 '수용 체제'에 대해서 지금부터 진지하게 생각해봐야 한다. 나는 그 방책으로 각 도도부현에 외국인 관광객에 관한 여러 과제를 공유하는 '외국인 관광객 추진연락협의회'와 같은 조직을 설치할 필요가 있다고 생각한다. 그 이유는 두 가지다.

첫 번째 이유는 외국인 관광객을 수용하는 데에 있어서 앞에서 소개한 열차 등의 대중교통이나 공공시설의 이상적인 방식에 대해 시민이나 현민 개인으로는 해결할 수 없는 과제를 넓게 공유하고 싶기 때문이다. 물론 대중교통은 열차뿐만이 아니라 버스, 택시, 선박, 비행기 더 나아가서는 대중교통과 관계있는 버스센터, 역, 항만, 공항 등 광범위하다. 재해 시에 병원, 주요 피난처가 되는 학교나 공민관(주민을 위한 회관 — 옮긴이), 주요 간선도로 등의 공공시설도 그 범위에 들어갈 것이다. 유노히라 역과 같은 과제는 전체적으로 보면 아주 작은 일부에 지나지 않고 세상에는 아직 표면화되지 않은 문제가 산처럼 쌓여 있다. 그런 과제를 집약해서 공유하고 한 사람의 개인이 아니라 조직적으로 해결의 실마리를 찾기 위한 시스템이 필요하지 않을까? 현 상태 그대로는 지금의 거의 두 배라 할 수 있는 방일 외국인 관광객 수를 만약 달성한다고 해도 사회 혼란을 초래할지도 모른다는 걱정이 앞선다.

두 번째 이유는 정보 전달의 문제 때문이다. 일본은 '관광입국'을 주요 정책 과제로 내세우고 이를 위해 국가나 관련 행정기관은 여러 가지 시책을 강구해 외국인 관광객 수용을 촉진하기 위한 보조 사업이나 상담회, 각종 세미나 실시 등 매일매일 많은 노력을 하고 있다. 이런 정보는 보통 먼저 각 도도부현 단위의 관광협회나 관련 단체에 전달되고 그다음에 협회의 회원인 지역의 관광협회 등에 전달된다. 그리고 그다음에 말단인 회원에게까지 전달되게 되어 있다. 하지만 현실은 외국인 관광객에 관한 인식의 온도차 때문에 각 지역에서 정보의 취사선택이 일어나 모든 정보가 말단 회원에게까지 다 전달되지는 않는다. 정보가 조직적으로 전달되기 때문에 누락되지 않고 하부까지 전달하기 힘들다는 것은 이해할 수 있다. 하지만 정말로 '필요한 사람에게 필요한 정보가 골고루 퍼지지 않는' 것은 큰 손실이다.

방일 외국인 관광객 수 4,000만 명 목표 설정 연도인 2020년까지 이제 3년도 남지 않았다. 한정된 시간 안에서 보다 '효과적인 전달 방식'을 생각해내지 못한다면 아무리 우수한 시책을 내세워도 그 효과를 충분히 보지 못할 수도 있다.

이런 이유로 나는 외국인 관광객 수용에 적극적으로 뛰어든 사람이나 기업이 빠짐없이 참가할 수 있는 조직을 구성하고 싶다. 이 조직을 중심으로 외국인 관광객 수용을 추진하는 데에서 발생하는 여러 가지 과제와 정보를 공유하고 해결의 실마리를 찾기 위한 구체적인 행동을 하고 효과적인 프로모션에 몰두함으로써 훨씬 앞에 있는 '관광입국 실현'을 달성할 수 있다고 생각한다. 그리고 이를 위한 조직이 '외국인 관광객 추진연락

협의회'다. 현재 현이나 시, 관련 단체 등에 제안을 해놓은 상태인데 어떤 형태로든 빠른 시일 내에 실현되었으면 좋겠다.

적정 이익을 최대한으로 추구하다

'규슈 미래 어워드'에서
특별장려상 수상

2015년 12월에 규슈의 7개 신문사가 개최한 '제2회 규슈 미래 어워드'라는 공모형 어워드가 있었다. 이 어워드는 아시아를 중심으로 해외나 외국인 관광객 시장에서 적극적으로 사업을 전개하고 있는 기업이나 단체, 또는 규슈 각지의 지역 진흥에 힘쓰고 지역에 다양한 파급 효과를 목표로 하고 있는 기업·단체를 대상으로 한다. 그리고 그 방식이 장래에 규슈의 다른 기업이나 단체, 학생 등에게 모범이 된다고 인정하는 경우에 상을 수여한다.

이 어워드에서 료칸 야마시로야는 국제사업·외국인 관광 부문의 '심사위원 특별장려상'을 수상했다. 이런 상을 받은 것 자체가 큰 영광이지만 감사하게도 그 후 다방면에서 강연 의뢰가 많이 들어왔다. 어워드는 서류 심사를 하는 1차 심사와 7분 동안 프레젠테이션을 하는 2차 심사를 거쳐 선정하는데 프레젠테이션을 하는 '7분'이라는 시간을 맞추기가 꽤 어려웠다. 미리 내가 하고 싶은 이야기를 원고로 쓰고 읽어보면 아무리 빨리 말해도 20분은 걸린다. 같이 후보에 오른 다른 사람도 똑같은 이야기를 했다. 여기서 20분 걸리는 원고를 7분으로 줄이기 위한 작업을 해야만 했다. 불필요한 말은 가능한 한 없애고 꼭 전달해야 하는 말을 남기는 작업이었다. '내가 정말로 하고 싶은 말은 무엇일까?'라고 자문자답하며 하는 작업이었는데 이 작업이 그 후의 나에게 큰 발견으로 이어졌다. 최종적으로 다듬은 원고에서 계속 반복해서 나오는 단어를 찾은 것이다. 그것이 바로 '안도감 혹은 안정감'이었다. 야마시로야의 모든 시스템이 손님의 '안도감'을 추구하고 있다는 사실을 깨닫게 되었다. 그리고 또 하나의 깨달음이 있었다. 바로 야마시로야의 시스템은 기본적으로 원래 있던 것을 활용한다는 자세를 취하고 있다는 사실이다. 야마시로야와 같은 가족 경영의 작은 료칸에서 할 수 있는 일은 한정되어 있다. 대규모 설비투자를 하는 것도 아니고, 새로운 인재를 투입하는 것도 아니고, 있는 그대로의 모습으로 어떻게 새로운 수요를 만들어낼 수 있을까를 고민하는 것이다. 내게 그 답은 '외국인 관광객'이었다.

하기로 한 이상은
끝까지 한다

'외국인 관광객'을 받아들이기 위해 적극적으로 나서자는 방침으로 전환하고부터는 어떻게 하면 외국인 손님이 안심하고 여행할 수 있을까를 제일로 생각하게 되었다. 사전 문의 메일에 정중하게 답하려고 노력했고, 이를 위해 부족한 어학 실력은 지역 대학생들의 도움을 받았다. 그리고 손님이 야마시로야에 도착하고 부터는 자기 집에서 편안하고 느긋하게 보내는 것처럼 안심하고 머무를 수 있도록 레스토랑에서부터 인터넷 환경까지 저비용으로 정비했다. 그리고 손님이 료칸에서 한 걸음 밖으로 나간 다음에도 안심하고 이동할 수 있도록 대중교통 이용법 등을 정중하게 설명하고 안내하려고 노력했다. 이렇게 철저하게 방일 외국인 손님의 '안도감'을 추구한 결과 각 예약 사이트나 트립어드바이저의 후기에서 높은 평가를 받을 수 있었고, 이로 인해 손님을 더욱더 모을 수 있게 되었다.

2015년에 출판되어 일본 관광 관계자들에게 화제가 된 『신·관광입국론』의 저자 데이비드 앳킨슨David Atkinson의 강연을 들을 기회가 있었다. 그의 강연은 여러 면에서 공감되는 이야기가 많았는데, 그중에서도 가장 공감되었던 말은 "결국은 하는가, 하지 않는가이다."라는 말이었다. 어중간하게 하는 것이 가장 문제다. '하는가 하지 않는가?' 그리고 '하기로 한 이상은 끝까지 한다.'가 가장 중요하다고 생각한다.

●
숙박 단기를 올리다

외국인 관광객을 적극적으로 받아들인 결과 야마시로야는 객실 가동률과 정원 가동률을 크게 개선할 수 있었고, 그 결과 이전까지 정기적이지 않던 휴무도 '주2일 휴무제'로 바꿀 수 있었다. 기존의 료칸업에서는 생각할 수 없던 '일하는 방식 개혁'을 실현한 것이다. 그리고 한 걸음 더 나아가 '숙박 단가'를 올렸다. 야마시로야는 지방에 있는 '작고 오래된 료칸'이다. 주변을 살펴보면 이런 료칸은 몇 군데나 더 있다. 이전에는 이런 소규모 가족 경영 료칸이 살아남기 위해서 숙박 단가를 내렸고, 걸핏하면 좁은 지역에서도 '저가 경쟁'을 벌였다. 저가로 가면 이익을 확보하기 위해 비용을 깎을 수밖에 없고 결과적으로 서비스의 질이 낮아진다. 이런 상태가 계속되면 료칸뿐만 아니라 그 지역 전체의 수준이 낮아지게 된다.

나는 외국인 관광객을 받아들여 가동률이 조금씩 상승하는 것에 맞춰 최근 3년간 조금씩 숙박 단가를 올렸다. 처음에는 500엔 단위, 다음에는 1,000엔 단위로 올렸다. 단가가 올라가면 손님의 '기대치'도 높아진다는 예측이 있었기 때문에 후기 평가가 낮아지는 것도 각오하고 있었다. 그런데 최근 3년간 평가가 낮아진 것이 아니라 오히려 높아졌다. 덕분에 성수기 가격에도 외국인 손님은 너무 싸다고 할 정도가 되었다. 사전 메일로 "이 가격에 정말로 2식 포함입니까?"라는 질문을 하는 사람이 많다. 다시 말해 료칸 경영자인 우리 자신이 오랫동안 '가격이 싸지 않으면 손님이 오지 않는다.'라는 망상에 완전히 사로잡혀 있었던 것이다.

대규모 료칸이나 고급 료칸에서는 막대한 설비비나 인건비, 고급 식재료 등의 비용과 이익을 생각해 비교적 높은 가격을 설정해야 한다. 손님이 그 가격에 만족한다면 문제는 없다. 그것이 적정 가격이다. 하지만 손님이 그 가격에 조금이라고 만족스럽지 못하다고 느낀다면 적정 가격이라 할 수 없다. 마찬가지로 야마시로야와 같은 '작고 오래된 료칸'의 적정 가격도 손님이 만족하고 지불할 수 있는 가격이 아니면 안 된다. 그렇기 때문에 상식에서 벗어난 비싼 요금을 설정하는 것은 논외이지만, 반대로 너무 싼 요금 설정도 문제라 할 수 있다. '싼 게 비지떡'이라는 생각으로는 절대 손님을 만족시킬 수 없다는 것을 명심해야 한다. 어쨌든 싸기만 하면 된다고 한다면 굳이 '료칸'일 필요가 없다. 우리가 '료칸'을 경영하고 있는 이상 우리 료칸에서밖에 할 수 없는 역할이 있을 것이다. 대규모 료칸에는 대규모 료칸, 고급 료칸에는 고급 료칸, 소규모 료칸에는 소규모 료칸, 각각의 규모에 맞는 적정 가격으로 적정 이익을 최대한 추구하는 노력이 필요하다. 그러기 위해서라도 각각의 료칸이 '어떻게 하면 가동률이 오를까?'를 진지하게 생각해야 하고, 이렇게 생각해낸 모든 방법에 대해서 주저하지 않고 달려들어야 한다.

또 다른 변화를 향하여

야마시로야의 외국인 관광객에 관한 지금까지의 이야기를 한 권의 책으로 정리할 기회가 생겨서 감사한 마음을 가지고 있다. 대학 교수도 아니고 저명한 사람도 아닌 평범한 '료칸 주인'인 내가 이런 책을 출판하다니 꿈만 같아서 나도 놀라고 있다.

영화나 희곡에서는 종종 '복선'이라는 기법을 사용한다. 복선은 '다음 전개에 대비해 그와 관련된 사항을 미리 암시해두는 것'인데 때에 따라서는 인생에도 이와 비슷한 일이 일어난다. 물론 인생에는 각본이 없기 때문에 자기가 의도하지 않은 부분에서 의외의 전개가 펼쳐지기도 한다. 돌이켜 생각해보면 지금까지의 인생에서도 신기한 인연이 많았다. 애초에 야마시로야가 외국인 관광객을 적극적으로 받아들이게 된 계기는 2005년 10월에 유후인 온천에서 열린 '관광 카리스마 학원'에서의 만남이었다.

'관광 카리스마 학원'은 관광 관계자나 마을 일으키기에 힘쓰고 있는 사람들을 대상으로 국토교통성이 전국 10개 도시에서 개최한 세미나다. 전국 각지의 관광 카리스마에게 그 노하우를 현장 체험과 워크숍을 통해 배운다는 기획 아래 야간 담론도 포함해 3일간 열렸다. 유후인 온천에서 개최된 관광 카리스마 학원 강사는 이 지역의 관광 카리스마인 료칸 '유후인 다마노유'의 사장 미조구치 군페이 씨였다. 이 세미나에는 유후인 정 부흥의 선구자인 미조구치 씨의 이야기를 꼭 듣고 싶어 하는 관광 관계자가 전국에서 많이 참가했다. 나도 지역의 대표라는 기분으로 참가했는데 이 무렵 이미 '유후인 영화제'나 내가 기획한 이벤트를 통해서 평소에 미조구치 씨와 친하게 지내고 있었고 그때그때 조언이나 지원을 받고 있었다.

그렇기 때문에 내가 이 세미나에 참가한 목적은 뜻을 같이하는 전국의 관광 관계자와의 정보 교환이었다. 야간 담론에서는 전국의 관광 관계자들과 술도 한 잔 하면서 많은 의견을 나누었다. 그렇게 3일간의 세미나가 끝났다. 그로부터 얼마 후 「니시니혼신문」의 기자에게서 갑자기 전화가 걸려왔다. 그 기자는 같은 세미나에 참가했었는데 내가 야간 담론 때 "앞으로 외국인 관광객에 힘을 쏟아야 한다."고 뜨겁게 이야기하는 모습이 인상적이었다며 어느 관광 포털사이트를 소개해주었다. 바로 '큐슈로'라는 일본 숙박 시설을 한국의 개인 관광객에게 소개하는 사이트였다. 나는 바로 '큐슈로'에 참가했다. 당시 '큐슈로'는 이제 막 생겨서 유후인·유노히라 두 지구를 합쳐도 참가 시설이 2~3개밖에 없고 외국인 관광객에 대해 소극적인 시설이 많았기 때문에 영업 담당자도 고생을 많이 하고 있었다. 하지만 그 후 노력해서 영업한 효과가 있어 이 지역 외국인 관광객 유치에 크게 공헌하게 되었다. 그 덕분에 야마시로 야에도 이 무렵부터 한국인 손님이 조금씩 늘어났다.

　그 후에도 사람과의 만남으로 전환을 맞은 일이 있었다. 내가 기획한 마을 살리기 이벤트 '쓰루도 유노히라 자전거 대회'에서 공동 개최자로 신세지고 있던 오이타 합동 신문사 사업부 사람에게 어느 콘테스트에 응모해보지 않겠냐는 권유를 받았다. 그 콘테스트가 2015년 12월에 열린 공모형 어워드 '규슈 미래 어워드'였다. 본문에서 이야기했듯이 이 콘테스트에서 료칸 야마시로야는 영광스럽게도 '심사위원 특별장려상'을 수상했다. 그 후 다방면에서 강연 의뢰를 받았는데 그러던 중에 야마시로야의 지금까지의 이야기를 '기록'으로 남겨두어야 하지 않을까, 하는 생각이 들었다. 내 삶의 어딘가에서 내가 '살아 있다는 증거'를 남기고 싶다는 욕구도 있었다. 하지만 '살아 있다는 증거'가 '책'이라는 형태가 되어 이렇게 빨리 실현될 기회가 올 것이라고는 생각지도 못했다. 생각해보면 사람과의 인연으로 인한 인생의 전환은 과거에도 많았을 것이다. 그동안의 경험을 토대로 알게 된 단 하나의 진실이 있다면 "어떤 행동을 하지 않으면 그다음의 어떤 기회도 오지 않는다."이다. 12년 전에 세미나에 참가하자고 생각한 것도, 지역 부흥을 위해 이벤트를 기획한 것도 뜻밖의 기회를 얻은 계기가 되었다는 것은 틀림없는 사실이다.

　서툰 글이지만 같은 료칸 관계자나 관광 관계자, 혹은 지역 재생에 힘쓰고 있는 모든 분들에게 이 책이 어떤 참고가 된다면 저자로서 기쁠 것 같다. 마지막으로 이 책을 출판할 때 책을 쓰는 모든 것이 서툰 나를 전력으로 지원해주고 조언을 아끼지 않은 나의 모교 오이타 현립 오이타상업고등학교의 대선배이기도 한 아베 키이치^{安部毅一} 씨와 고토부키사의 오야 신지^{大屋紳二} 씨, 두 사람에게 고개 숙여 감사 인사를 전한다.

KI신서 7403

산속 작은 료칸이
매일 외국인으로
가득 차는 이유는?

1판 1쇄 인쇄 2018년 4월 20일
1판 1쇄 발행 2018년 4월 27일

지은이 니노미야 겐지 **옮긴이** 이자영
펴낸이 김영곤 **펴낸곳** (주)북이십일 21세기북스

정보개발본부장 정지은
정보개발1팀장 이남경 **책임편집** 김선영
해외기획팀 임세은 채윤지 장수연
출판영업팀 최상호 한충희 권오권
출판마케팅팀 김홍선 최성환 배상현 신혜진 김선영 나은경 이정인
홍보기획팀 이혜연 최수아 김미임 박혜림 문소라 전효은 염진아 김선아
디자인 디자인 빅웨이브
제휴팀 류승은 **제작팀** 이영민

출판등록 2000년 5월 6일 제406-2003-061호
주소 (우 10881) 경기도 파주시 회동길 201(문발동)
대표전화 031-955-2100 **팩스** 031-955-2151 **이메일** book21@book21.co.kr

(주)북이십일 경계를 허무는 콘텐츠 리더

21세기북스 채널에서 도서 정보와 다양한 영상자료, 이벤트를 만나세요!
페이스북 facebook.com/21cbooks **블로그** b.book21.com
인스타그램 instagram.com/book_twentyone **홈페이지** www.book21.com
서울대 가지 않아도 들을 수 있는 명강의! 〈서가명강〉
네이버 오디오클립, 팟빵, 팟캐스트에서 '서가명강'을 검색해보세요!

ⓒ 니노미야 겐지, 2017

ISBN 978-89-509-7450-3 03320